名画版

都是红尘一俗人

中国诗词大咖的另一面

熊显华　许晓善 ◎ 著

中国画报出版社·北京

图书在版编目（CIP）数据

都是红尘一俗人：中国诗词大咖的另一面 / 熊显华，许晓善著. -- 北京：中国画报出版社, 2023.4（2023.7重印）
ISBN 978-7-5146-2154-9

Ⅰ.①都… Ⅱ.①熊… ②许… Ⅲ.①诗人—生平事迹—中国—古代 Ⅳ.①K825.6

中国版本图书馆CIP数据核字(2022)第139934号

都是红尘一俗人：中国诗词大咖的另一面

熊显华　许晓善　著

出 版 人：方允仲
策　　划：许晓善
责任编辑：程新蕾
助理编辑：张爱卿
内文排版：郭廷欢
责任印制：焦　洋

出版发行：中国画报出版社
地　　址：中国北京市海淀区车公庄西路33号　邮编：100048
发 行 部：010-88417410　010-68414683（传真）
总编室兼传真：010-88417359　版权部：010-88417359

开　　本：32开（880mm×1230mm）
印　　张：8.75
字　　数：210千字
版　　次：2023年4月第1版　2023年7月第2次印刷
印　　刷：万卷书坊印刷（天津）有限公司
书　　号：ISBN 978-7-5146-2154-9
定　　价：52.00元

目 录

1. 咏絮才女,林下之风君不负
   ——谢道韫 / 001

2. 做官屡碰壁,不妨一世清高
   ——陶渊明 / 020

3. 炒作高手,成功也是有门道的
   ——陈子昂 / 046

4. 焚香独坐心向佛,再难见你谈笑风生
   ——王维 / 059

5. 仗剑天涯,我有我的处世法则
   ——李白 / 085

6. 苦大仇深非天生,只因经历过太多
   ——杜甫 / 104

7. 人生赢家，不过是适者生存
　　——韩愈　　　　　　　　　　　　　　　／121

8. 独钓寒江雪，硬骨头的人生才过瘾
　　——柳宗元　　　　　　　　　　　　　／135

9. 满腹才华，终究是山月不知心里事
　　——温庭筠　　　　　　　　　　　　　／157

10. 魂断凭栏，一梦浮生才可悲
　　——李煜　　　　　　　　　　　　　　／172

11. 千古文章，醉翁之意不在酒
　　——欧阳修　　　　　　　　　　　　　／190

12. 旷达超脱，光风霁月惹人喜
　　——苏轼　　　　　　　　　　　　　　／208

13. 一代词宗，美丽、卓然与哀愁
　　——李清照　　　　　　　　　　　　　／230

14. 泪溅龙床，但悲不见九州同
　　——陆游　　　　　　　　　　　　　　／246

15. 才兼文武，金戈铁马写情怀
　　——辛弃疾　　　　　　　　　　　　　／256

1. 咏絮才女，林下之风君不负
——谢道韫

谢道韫（生卒年不详），女，字令姜，河南太康人，东晋诗人，宰相谢安的侄女，安西将军谢奕的女儿，与汉代的班昭、蔡琰等齐名。

凭借"未若柳絮因风起"的咏雪之句，人称"咏絮之才"。在适婚的年纪嫁给书圣王羲之的次子王凝之。王凝之死后，未再改嫁，独居在会稽。颇有文才，所著诗、赋、诔、讼，流传于世。

1

说魏晋时期的谢道韫是千古奇女并不为过，连曹雪芹也在《红楼梦》中用"堪怜咏絮才"形容林黛玉。"咏絮"就是指谢道韫，其中蕴含着对其才情的赞赏。

大家对谢道韫的了解，多来自她的咏絮之句。根据史书记载："叔父安尝内集，俄而雪骤下，安曰：'何所似也？'安兄子朗曰：'散

盐空中差可拟。'道韫曰:'未若柳絮因风起。'安大悦。"(《晋书·王凝之妻谢氏传》)

谢道韫的叔父谢安搞了个家庭聚会,没想到忽然间下起了大雪,然后谢安就问,这天空下的大雪像什么。谢安兄长的儿子谢朗说这雪就像盐撒在空中似的,谢道韫说不如比作柳絮乘风而飞舞。谢安听了,非常高兴。这就是谢道韫咏絮典故的由来,也让我们见识到了"聪识有才辩"的才女谢道韫。(《晋书·王凝之妻谢氏传》)

或许真是冥冥之中自有安排,谢安兴致突起的一问,成就了这样一个流传千古的典故。

谢道韫

对此,《世说新语·言语》中有记载:"俄而雪骤,公欣然曰:'白雪纷纷何所似?'"宋代檀道鸾在《续晋阳秋》里也有记载。谢朗字长度,是谢安二哥谢据的长子,曾官至东阳太守。谢安也知道他的侄子文采尚可,应该说谢朗说"散盐空中差可拟"也是描绘得不错的。不过相比之下,谢道韫的描绘更有情致。正如余嘉锡的评价:"二句虽各有谓,而风调自以道韫为优。"(《世说新语·笺疏》)

我们来看谢道韫的家庭出身情况。

根据晋书的记载,谢道韫"安西将军奕之女也"(《晋书·王凝之妻谢氏传》)。这个安西将军是谁呢?他就是在淝水之战中担任前锋的都督谢奕,谢奕的弟弟谢安更是当时首屈一指的大人物。谢道韫就是出生在这样一个享有盛名的家族。也正是因为这个原因,谢道韫身上展现出的谢氏家族的底蕴与风范也就不奇怪了。这一点,我们可以从谢安对她的偏爱看出来。

我们来看谢安是如何考察谢氏子弟才情的。

在《世说新语·文学》中有这样的记载。谢安是教子有方的高手,从不放过任何一个教育的机会。一次家庭聚会中,他出了一个挺有难度的问题:"《毛诗》何句最佳?"谢玄回答,当然是"昔我往矣,杨柳依依;今我来思,雨雪霏霏"。(《诗经·小雅·采薇》)

这首诗描写的是一位士兵为抵御狁狁的侵略而从容地投入战斗的事。任何一场战争都是一场灾难,面对艰苦、血腥的战事,思乡之情油然而生也属情理之中,这首诗是所有士兵的心声。

读《诗经》最大的感受就是文字与意境的完美结合。"昔我往矣,杨柳依依;今我来思,雨雪霏霏"先描写了士兵当年离家从军时的杨柳依依、随风轻摇的美好景象,再对比如今年老体衰,不得不退役,

《授经图》，隋，展子虔

可是在回家的征途上陪伴他的只有那漫天风雪的情形。入境之人读到这里都会引发无限的感慨，而后又默然无语。一切尽在不言中，一切尽在体味中。难怪谢玄要说此为最好了。

谢安自己的答案是什么呢？谢安认为《诗经·大雅·抑》的"訏谟定命，远犹辰告"这句最好。这句是什么意思呢？用宏大的谋划来确定政令，用长远的谋略来确立诏诰。我们稍加思考就会知道谢安为什么认为"訏谟定命，远犹辰告"这句最好了。因为这句的意义与他的身份相符啊！正所谓什么样的人说什么样的话，谢安所处的地位，决定了他的关注点。

那么，谢道韫又是如何回答的呢？《世说新语》中没有记载，《晋书·王凝之妻谢氏传》给出了答案："吉甫作诵，穆如清风；仲山甫永怀，以慰其心。"（《诗经·大雅·烝民》）

谢道韫为什么认为"吉甫作诵，穆如清风；仲山甫永怀，以慰其心"最好呢？要回答这个问题，就要了解此诗的相关内容及背景。诗中说，一个名叫仲山甫的人颇有德行与才干，他是周太王古公亶父的后裔，周宣王元年（前827），他因受人推荐而入仕，后官居卿士（相当于后来的宰相）。仲山甫在位期间曾推行经济体制改革，比如废除"公田制"和"力役地租"，分别改为"私田制"和"什一而税"，鼓励农民开垦荒地，大力发展商业，使周宣王时期出现了"宣王中兴"的繁荣景象。

"吉甫作诵"就是尹吉甫（即兮伯吉父，尹是官名，周宣王时期著名的军事家、诗人、哲学家，官至内史）作歌相赠，"穆如清风"就是乐声和美如同清风，"仲山甫永怀"就是仲山甫临行长思，"以慰其心"即以歌声宽慰建功之心。完整的意思就是尹吉甫作歌相赠于仲山甫，歌颂他的功绩，那歌声的美如同清风。在谢道韫看来，只有像仲山甫这样有着雄才大略的人才值得被人颂扬。谢道韫所喜欢的这句诗与谢安喜欢的诗句，两者可谓是"志趣相像"。从中可以看出，谢道韫从小就志向远大，气概非凡。谢安会对她如此偏爱也就不奇怪了。

小小年纪的谢道韫就是这么聪慧、有才情、有志向，且又如此得谢安的看重，待得谈婚论嫁之时，谢安必然也要为其选一个与之相匹配的理想丈夫。

谢安选中了谁呢？

2

在魏晋时期，等级制度的森严是众所周知的。那时的婚嫁讲究门当户对，在显赫家族的博弈中，也往往采取联姻的方式，以此互为照应。在东晋士族中，王、谢两大家族为北方最大的士族，刘禹锡的诗句"旧时王谢堂前燕"(《刘禹锡·乌衣巷》)中的"王谢"就是指以王导和谢安为代表的两大家族。王谢两家世代簪缨,乃朝廷之柱石。当时流行这样的说法:"帝初镇江东,威名未著,敦与从弟导等同心翼戴,以隆中兴。时人为之语曰:'王与马,共天下。'"(《晋书·王敦传》)为什么会出现"王与马,共天下"的局面呢?

永嘉五年(311)发生了一件大事,即永嘉之乱,经过角逐,形成以王导为首的王氏士族集团辅佐琅琊王司马睿的局面。这时,王导的堂兄弟王旷根据时势需要建议司马睿南渡,把首都定在建康。王旷为什么要提出这个建议呢?因为北方各族之间争战太多,威胁过大,而在南方他们有自己相对稳定的势力范围。

由此,在永嘉七年(313)出现了中国历史上第一次人口南迁的高潮,史称永嘉南渡。当时,整个中原地区的北方名门望族、官员等,能迁徙的、能带走的,几乎无一落下。这次以门阀士族为主要力量的大迁徙约有90万人参与,其中琅琊王氏为最重要一支。像大迁徙就算是放到现在也是一件很难的事情,何况是古代。因此,直到公元317年整个大迁徙才算基本完成。司马睿在建康定都后,重建晋室,东晋便由此诞生了。

由于王氏家族对司马政权有汗马功劳,琅琊王氏被司马睿称为第一望族。为了感激王氏家族的大力协助与经营,司马睿欲与之平分天下。这种情况下,王氏自然是权势熏天。势力最大时,朝中官员75%以上是王家或者与王家相关的人,由是,形成了所谓的"王与马,共天下"的局面。

而这也正是谢安为谢道韫选取好丈夫的依据和背景。前面说到的王旷,就是大名鼎鼎的书法家王羲之的父亲。那时的王家可是牛气冲天,而谢安这个以军功立身于天下的风云人物,自然清楚王谢两家联姻的巨大好处。在晋室东渡的初期,谢安还曾经与王羲之在会稽有过"亲密接触",他们同游会稽山。王羲之在《兰亭集序》里有记载:"永和九年……会于会稽山阴之兰亭,修禊事也。群贤毕至,少长咸集。"

《兰亭雅集图》,明,文徵明

永和九年(353),诸多名士在会稽郡山阴县的兰亭集会,举行修禊活动,老老少少济济一堂。"修禊"是古代民间在水边举行的一种祭礼,应是起源于巫医的传统性活动:每年三月的第一个巳日(曹魏后改为三月三日),人们在河水中洗浴,期望将身上的疾病及不祥洗掉。这次聚会,有孙绰、谢安和释支遁等41人参加,可谓阵容强大,明星会聚。众人在沐浴后饮酒作诗,随后登上会稽山。

当时,东晋国内不大安定,王羲之担任会稽内史一职,因会稽远离战火纷扰且风光秀美,正是修身养性的好地方。谢安这个人也喜欢寄情于山水之间,两人也算意趣相投。

王谢两家表面看来挺和谐,实际上却是明争暗斗。两家都自视极

《兰亭图》，傅抱石

高，其中的关系和争斗可以说是复杂至极。谢道韫会不会与这样的争斗有牵连呢？

答案是什么并不重要，重要的是：谢道韫终成王家的媳妇。对于谢道韫的婚姻，其间到底有多少道不清说不明的呢？在对待谢道韫婚姻的问题上，她的叔父谢安难逃有利用之嫌：于公，王谢两家联姻，各有益处；于私，谢安难逃把谢道韫当成稳固自身利益的棋子之嫌。

谢安会在王家选择谁呢？候选人是王羲之的儿子们。我们知道，王羲之一共有7个儿子，其中颇有才干的就有5个。除老大王玄之，剩下的就是王凝之、王涣之、王肃之、王徽之、王操之和王献之。在这剩下6个儿子中又数王献之的名气最大。按照常理推断，谢安应该首选王献之。但谢安毕竟不是常人，他最中意的是王徽之，中意此人的卓尔不群。这本来没什么悬念的事，却因一件让人意想不到的小事出现了意外。

什么事呢？说来也挺不可思议的。对此，《世说新语》里有记载：

《雪夜访戴图》,明,文徵明

"王子猷居山阴……忽忆戴安道……造门不前而返。人问其故,王曰:'吾本乘兴而行,兴尽而返,何必见戴?'"(《世说新语·任诞》)

王子猷就是王徽之,此人生性高傲,不喜受人约束,豪放不羁。虽然在朝廷做官,却常常到处闲逛,不处理官衙内的日常事务,后来干脆辞去官职，隐居在山阴。这一天，夜里下起了大雪，王徽之刚睡醒，打开房门，叫仆人倒上酒，想小饮几杯。当他看到窗外皎洁的夜景时不禁兴致大起，起身徘徊，吟起左思的《招隐》一诗时，忽然想起了好友戴家道。兴致一起，王徽之当即出发，连夜坐小船到戴家去。船行了一夜才到戴家门口，但他却没有进去，而是原路返回。有人对他这样怪异的行为感到不解，就问他是什么原因。王徽之说自己本是一时乘着兴致前往，如今兴致已尽，自然返回，为什么一定要见到戴安道呢？

这件事被谢安知道了。谢安心里就犯嘀咕，这人行事全凭自己的兴致，如此没有始终之人，如何能给自己侄女幸福呢？不行，我要换一个人，换谁呢？王徽之的二哥王凝之。

作为大名鼎鼎的王羲之的次子，再加上家学渊源，王凝之自然也不会太差。他曾任江州刺史，被授予左将军，后来在谢安的推荐下一直做到主管一郡军政大权的会稽内史。但是，此人信奉五斗米道，为了追求长生不老，他按五斗米道的规矩精心布置了一个静室，整天在静室中对着天师的牌位焚香修炼。这还不算，他想着炼丹，幻想服食丹药而长生，到了走火入魔的地步。

嫁给这样一个人，谢道韫能幸福吗？

3

在常人看来，谢道韫嫁到世人尽知的王家后定是幸福得很。

然而，事实并非如此。

这正好应了那句话:"女怕嫁错郎,男怕入错行。"谢道韫就属于嫁错郎。

大家可能要问,何以见得谢道韫过得不幸福呢?

我们可以在《世说新语·贤媛》里找到答案:"既还谢家,意大不说。"原来,谢道韫每次回娘家探亲时都表现得挺不高兴,头几次这般表现倒也没什么,可次次回家探亲都是这般,就引起了谢安的注意。谢道韫为什么有如此表现呢?

正如上文所说,王凝之不务正业,将精力放在信奉五斗米道上,忽视了夫妻感情的沟通。想让婚姻幸福,一个很重要的原则就是感情要融洽。王凝之恰恰忽视了这一点,忽视了妻子在他心中的地位。你说谢道韫高兴得起来吗?一句话,他们的夫妻关系不和谐。

王凝之的才学也不如谢道韫,造就了"女高男低"的态势。《世说新语·贤媛》里说"王凝之谢夫人既往王氏,大薄凝之",即谢道韫到王家后是看不起夫君王凝之的。

作为王谢两家联姻的关键人物谢安,看到这种情形,自然要问个究竟:"王郎,逸少之子,人身亦不恶,汝何以恨乃尔。"

正如谢安所问,王家可是名门世族,你的夫君又是大名鼎鼎的王羲之的儿子,其人品和才学也不错,你为什么如此不满意、不快乐呢?谢道韫回答:"一门叔父,则有阿大、中郎;群从兄弟,则有封、胡、羯、末。不意天壤之中,乃有王郎!"意思是说,在自己家的叔父里头有阿大、中郎这样的人物,在我兄弟中有"封、胡、羯、末"这样的人物。谁能想到,天地之间竟然还有王郎(王凝之)这样的人呢!

这话说得太过直接,一点儿都不掩饰谢道韫内心的郁闷之情。

阿大是谁呢?目前尚无确切答案。不过推断应该是谢安的堂兄谢尚。中郎是谁呢？也没有确切答案。大概是谢安的弟弟谢万，此人曾任抚军从事中郎；不过也有人认为是谢安的哥哥谢据，理由是他排行第二。"封、胡、羯、末"这四个人分别是谢韶、谢朗、谢玄、谢渊，"封、胡、羯、末"是他们的小名。这四个人都是非常有才学的人，且官阶也不小，如谢韶曾任车骑司马，谢朗官至东阳太守。

谢道韫这样说除了因为看不起王凝之，还有一个原因，应是她非常后悔嫁到王家，埋怨叔父谢安给她安排的婚姻。

谢道韫个性独特，就连她弟弟谢玄也曾受她责骂："汝何以都不复进？为是尘务经心，天分有限。"谢道韫说，你为什么一点儿也不长进？是一心注意世俗杂务，还是天资有限？

这话说得不是一般的直接，估计一般人承受不了。这话也不禁让人去想，当谢道韫说"不意天壤之中，乃有王郎"时，王凝之听了又有何感想呢？估计得找个地方躲起来了。

谢安听到谢道韫这般不满意，又有何反应呢？木已成舟之事，再加上王家乃名门世族，他自己心中还有小算盘，除了叹惜也无话可说了。虽然谢道韫有千万个不满意，但她并没有不恪守妇道，反而尽力做好自己的本分，因此王羲之全家对她都很满意。这个满意，除了刚才说到的这一点，还有就是才智方面。

魏晋时代的世风是比较开化的。那时候，饮酒、服药、寄情山水和文学创作是人们流行的生活内容。闲来没事的时候，大家可以聚在一起畅所欲言，就连大家闺秀有时也参加讨论。由于汉代以来儒家地位独尊，当时男女授受不亲之礼也是要讲究的。如果有女性要参与讨论，可"施青绫步障自蔽"（《晋书·王凝之妻谢氏传》），即设青绫幕幛之类的加以掩饰。

谢道韫的小叔子王献之自幼就声名大噪，长大后更是了得，特别是在教育孩子的问题上颇有心得，曾官至中书令。一天，王献之与一众宾客在家中展开讨论，被宾客辩驳得有些"吃不消"时，谢道韫解了小叔王献之的围。史书记载："凝之弟献之尝与宾客谈议，词理将屈，道韫遣婢白献之曰：'欲为小郎解围。'乃施青绫步障自蔽，申献之前议，客不能屈。"（《晋书·王凝之妻谢氏传》）大意是说，王献之在与宾客就某个问题辩论的时候，一时处于下风。正好被谢道韫知道了，于是她就躲在屏风后听了起来，并差婢女悄悄递给王献之一张纸条，上写"欲为小郎解围"几个字。谢道韫放置青绫屏障为遮挡，先将王献之的前议加以肯定，然后引经据典围绕主题进一步发挥，讲得头头是道，那帮宾客因词穷而甘拜下风。

谢道韫用自己的才智、临危不乱的态势、从容不迫的心态，使得原本处于下风的局面得以扭转，让人佩服，难怪王羲之全家对她都很满意了。

像这样的事情应该不止一次，时间也就这样过去了数十年。

直到一件惊天大事发生让我们领略到谢道韫更为独特的一面。

4

当东晋在战乱中走向末路的时候，剧烈的变局也影响到谢道韫的命运走向。

当时五斗米教盛行，且已威胁到朝廷。朝廷一开始以为只要把闹事的头目处决，一切就相安无事了，于是诱杀了五斗米教的教主孙泰。谁想孙泰一死就出大乱子了，他的侄子孙恩发誓要报仇。晋安帝隆安三年（399）十月，孙恩率领五斗米教的教徒从海上登陆攻占上虞，把上虞的县令干掉后，将目标锁定会稽。

谢道韫的丈夫王凝之时任会稽内史。

作为会稽的行政长官，都打到家门口了，王凝之应该积极想办法应对。可王凝之是怎么做的呢？早在孙恩没进攻会稽时就有人看出孙恩的下一个目标很可能是会稽，建议早做准备，以防不测。王凝之却一笑了之，说这是不可能的事，要是真来了，自有天兵神将相助，有什么好害怕的？

谢道韫也看出了问题的严重性，也劝王凝之应该调集兵马，加强城池的维护及防守。王凝之听后在衙署的大厅中添置了一个天师的神位，每天在神位前焚香诵经，殷勤地礼拜。

对此，谢道韫除了生气，抱怨自己怎么嫁给了这样一个不可理喻之人外，也无可奈何。最后，只能亲自动手，招募了数百家丁，天天组织训练。当孙恩领导的叛军攻到会稽城下时，城中的大部分人都不愿投降，大家都积极组织抵抗。

再看看这个王凝之，此时又在做什么？他在踏星步斗，拜神起乩。他的下属跟他说会稽城已经被孙恩那帮贼人包围了，会稽城危在旦夕，应速发兵迎战。王凝之却不慌不忙地说："吾已请大道，许鬼兵相助，贼自破矣。"（《晋书·王羲之传》）

王凝之这般回答让人哭笑不得，结果也可想而知了。

王凝之的这种行为理念一方面源于他深信五斗米教的神力；另一方面他以为自己也算是孙恩的同教中人，哪有同教兄弟自相残杀的？可惜，这只是王凝之的一厢情愿。当城门被破，王凝之才感觉事情已经到了不可收拾的局面，只得仓皇出逃，结果在城门附近被对方截住，糊里糊涂地被砍了脑袋。一同被害的除了王凝之，还有他的四个儿子（王蕴之、王平之、王亨之、王恩之）。

此时的谢道韫又是怎样一种情况呢？根据《晋书》记载："既闻夫及诸子已为贼所害，方命婢肩舆抽刃出门……恩虽毒虐，为之改容，乃不害涛。"（《晋书·王凝之妻谢氏传》）

谢道韫听到丈夫和几个儿子被孙恩杀害后，就命令婢女抬着轿子，然后拿着刀出门准备突围。这时乱兵追上来，谢道韫手起刀落干掉了几个，最后因寡不敌众，一行人被俘虏了。谢道韫的外孙名叫刘涛，当时才几岁，孙恩想杀害他，谢道韫站出来说："这事出在王家，与其他家族的人有什么关系？如果一定要这么做的话，宁可先杀了我。"孙恩虽然歹毒残暴（根据《资治通鉴》记载，孙恩杀人成性，且手段极其残忍），却被谢道韫的大义凛然所折服，最终未杀刘涛。

苏轼曾说："天下有大勇者，骤然临之而不惊，无故加之而不怒。"（苏轼《留侯论》）什么是"大勇者"，用在谢道韫身上，这个定义就了然于心了。谢道韫在面临危险局面的时候表现出的那种镇定与自如，那种临危不惧、果断勇敢的气概，连叛乱首领孙恩都被其折服。这就是谢道韫独特一面的真实写照。从某种意义上说，她继承了叔父谢安身上的品质。

这是有史料可循的。桓温是出了名的霸道，他曾想杀了谢安。根据《世说新语》中的记载："桓公伏甲设馔，广延朝士，因此欲诛谢安……桓惮其旷远，乃趣解兵。"（《世说新语·雅量》）

桓温在北伐中的枋头之败后心里窝了一肚子火，代晋自立的想法更加强烈了。没过多久，他把司马奕弄成海西公，然后立会稽王司马昱为新帝，并率军进驻姑孰（今安徽当涂县）。为了显摆自己的实力，桓温动不动就带甲入朝。当时好多人都在议论：要是桓温无故入朝，准没什么好事情。

作为东晋的名门望族谢氏中赫赫有名的一员，谢安不可能看不清自身的处境。当时谢安为吏部尚书，受朝廷的命令去新亭迎接桓温，同行的还有王坦之。王坦之表现得很紧张、很害怕，就问谢安，如果桓温带甲入朝该怎么办。谢安"宽容愈表于貌"（《世说新语·雅量》），神情自若地告诉王坦之，如今晋朝生死存亡就在此一行了。言外之意，什么也别想了，去迎接桓温吧。

到了新亭，王坦之紧张得不行，冷汗直冒，衣衫都湿了，连手中的朝板也拿倒了。谢安却神色镇静，从容不迫地就座。他对桓温说了一句："安闻诸侯有道，守在四邻，明公何须壁后置人邪。"（《晋书·谢安传》）桓温一听，先是一愣，继而一笑，说了一句"正自不能不尔耳"（《晋书·谢安传》）后，尴尬地下令撤除了埋伏在幕后的士兵。谢安的机智和镇定让桓温始终没敢对谢安和王坦之下手，不久就退回了姑孰。一场迫在眉睫的危机就这样被谢安从容化解了。我们再联系谢道韫在面对孙恩时的表现，不正是她叔父当年面对桓温时的翻版吗？

5

谢道韫一直在会稽寡居，没有再嫁。至于为什么没有再嫁，笔者推断主要有以下三点：

其一，谢道韫对王凝之还是有感情的。否则，以谢道韫的个性，再嫁也不是不可能。

其二，谢道韫对婚姻看淡了，与王凝之的失败婚姻，让谢道韫心中不再起涟漪。

其三，谢道韫希望过上自由自在的生活，追求自身的嗜好——与文人雅士谈论古今，共赏诗篇。

上述三点笔者侧重最后一点。谢道韫的后半生过得很自在，加上会稽历来文风鼎盛，时常有人向谢道韫请教，谢道韫也乐此不疲。她用一素色帘帏为屏，端坐其中，淡然地与他们侃侃而谈，虽未设帐授徒，却实质上从事着传道、授业、解惑的工作，使无数学子受益。对此，《世说新语·贤媛》评价说："王夫人（谢道韫）神情散朗，故有林下风气。"

行文至此，我想到另外一个才女——李清照。如果李清照的后半生不再为婚姻所累，将心思花在文学创作上，她的心态能更自由更轻松。这绝不是臆想，从谢道韫的诗作中可明显感觉到。虽然谢道韫的诗词作品大量佚失，但根据现存比较完整的《泰山吟》和《拟嵇中散咏松诗》，我们可以窥其心境。

我们来看《泰山吟》：

峨峨东岳高，秀极冲青天。岩中间虚宇，寂寞幽以玄。非工非复匠，云构发自然。器象尔何物，遂令我屡迁。逝将宅斯宇，可以尽天年。

这首诗气势磅礴，属于借物寓情之作。诗的一开头就极力渲染泰山的雄伟气势，紧接着用了一个"冲青天"，描绘泰山逶迤而上、直刺云天的霸气。"岩中间虚宇，寂寞幽以玄"乃描绘山中景象，寓指大自然的造物之美。而后"非工非复匠,云构发自然"将上句的描述具体化,实指泰山胜景。这样的描绘虽不华丽,却是东晋时期流行的审美取向。这种质朴美的思想来源于老庄之学,即"朴素而天下莫能与之争美"(《庄子·天道篇》)。

谢道韫将老庄之学的审美取向融入诗中,也成了当时诗歌美学的准则。谢道韫表面是在描绘泰山的"非工非复匠,云构发自然",实质上却由衷地表达了对巍巍东岳的赞美与景仰之情。谢道韫因景动情,在高山仰止之际触发了自己的身世之感,言道:"器象尔何物,遂令我屡迁。"一个"屡迁"就足以让我们体会到谢道韫内心的复杂世界。她是在质问造化弄人,为何自己总是屡遭迁谪流离。是的,联系到谢道韫夫死子丧,王谢家族的日渐衰败,那种流离失亲之苦,人生悲欢之慨,自然会呈现在我们的脑海之中。谢道韫并没有因此而沉沦或是自怜自叹,而是"逝将宅斯宇,可以尽天年"。从这一点来看,她比李清照晚年的心态要好。当谢道韫面对峨峨的泰山时,她已将自己有限的生命融化在自然美景的豁达胸怀中了。

会稽内史王凝之被害后,朝廷任命了一个叫刘柳的人去那里做太守。这个刘柳虽是门荫入仕,但官途顺利,历尚书左右仆射,最后至尚书令。据《晋

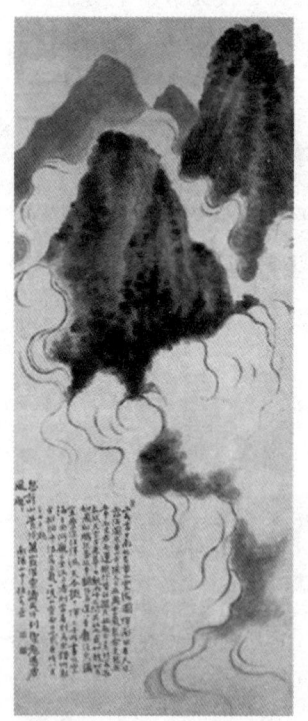

《泰岱云海图轴》,清,华嵒

书·刘乔传》(刘乔为刘柳曾祖父)中记载,"时右丞傅迪好广读书而不解其义,柳唯读《老子》而已,迪每轻之。柳云:'卿读书虽多,而无所解,可谓书簏矣。'时人重其言。"什么意思呢？傅迪轻视刘柳读书种类少,刘柳针锋相对地回讽说傅迪读书虽多,但不理解其中意思,也不过是一个装书的箱子罢了。

刘柳仰慕谢道韫的才名已久,特地登门拜访。谢道韫也是久闻刘柳的才气,并没有刻意着装,而是粉黛不施、素衣素袍,坦然出来与其相见。这次的谈话内容史书上的记载很简略:"先及家事,慷慨流连,徐酬问旨,词理无滞。"(《晋书·王凝之妻谢氏传》)

谢道韫先是把自己的身世经历和家庭情况向刘柳说了一下,言辞慷慨,词圆理到。刘柳听后发出感叹:"内史夫人风致高远,词理无滞,诚挚感人,一席谈论,受惠无穷。"(《世说新语·贤媛》)事后,刘柳对谢道韫的评价也是极好,他说:"实顷所未见,瞻察言气,使人心形俱服。"世上像谢道韫这样的人物很少见了,光是看她的语言气度,已经让人心形俱服了。

谢道韫与刘柳的这次相见也因此而传为佳话。至于谢道韫后来的生活情况,由于找不到相关的史料记载,我们也不得而知了。谢道韫余生著述丰硕,著有《谢道韫集》等书,可惜已经佚失。

宋朝诗人蒲寿宬对谢道韫的评价可概括其一生:"当时咏雪句,谁能出其右。雅人有深致,锦心而绣口。此事难效颦,画虎恐类狗。"(《咏史八首·谢道韫》)蒲寿宬的评价很中肯,谢道韫作为东晋大才女实在是千年难寻。我们读晋史时一定别忘了,在阮籍、嵇康、潘岳、谢安、王羲之、刘伶等众多风流名士中,也有一个让人赞叹不已的奇女子,她就是谢道韫。

2. 做官屡碰壁,不妨一世清高
——陶渊明

陶渊明(365—427),江西九江人,名潜,字元亮,号五柳先生,东晋杰出诗人、文学家、辞赋家以及散文家,也是有名的隐士。出生于一个没落的仕宦家庭,一生五次为官,五次辞官,而后隐居。

田园生活是陶渊明诗歌的主要题材,代表作品有《归去来兮辞》《归园田居》《桃花源记》等,最著名的作品为《桃花源记》,他把孔子的安贫乐道、庄子的回归自然以及老子的大同思想有机地结合在一起,绘制出一幅"人人自得其乐的美好社会"图景,使桃花源成为国人心中的理想之地和中国文化中美好世界的象征。

1

东晋有一个原本默默无闻的读书人,只因做了两件让人觉得很厉害的事得以被人们牢记。

哪两件事呢？一件事是不为五斗米而折腰；另外一件事就是他世外桃源式的生活构想。

此人是谁呢？他就是世称"五柳先生"的陶渊明。

出生在一个没落仕宦家庭的陶渊明是如何跋涉出他别具一格的人生之路，又凭借什么成就了千古美名呢？这还得从他第一次辞官说起。

这世上的人选择辞官的理由很多。有迫于形势，不得不辞官的，如史称"素仇东林"的薛国观，他就是迫于舆论压力，不得不辞官而去；有对统治阶级失望与无奈的，如唐代诗人韦应物，他对当时的政治腐败失望至极，结果无奈地选择辞官；有对官职不满意或者没有能力，不得不辞官的；有炒作的——有时辞官也是一种炒作，可以提高自己的声望；有身体状况不适而辞官的，如"初唐四杰"之一的卢照邻，他因病痛缠身而辞官，他的病连孙思邈都无法医治，最后很痛苦地死去；有明哲保身，看淡了官场，无心眷恋的，如张良帮刘邦打天下，后急流勇退，随赤松子云游天下；有眼界非凡，提前退出的，如竹林七贤中的山涛，半夜辞官；有喜欢自由，不想被束缚的，很多隐士都不乏这样的理由。总之，辞官多少与客观环境有关，以至于被动地辞官，或者主动接受现实，进而改变主观意志离开官场。

《桃源仙境图》，明，仇英

《归去来兮图》,明,李在

陶渊明属于哪种呢?要回答这个问题,我们就要先弄清楚陶渊明辞官的原因,以及辞官对他的影响。

陶渊明8岁那年,父亲死了。之后,他与母亲孟夫人及妹妹相依为命,寄居在外祖父孟嘉家。陶渊明家原本是显赫的人家,因父亲早逝,所以他的童年过得相当狼狈。他在一首名为《有会而作》的诗里毫不忌讳地交代道:"弱年逢家乏。"但陶渊明很想得开,他没有因这个家庭的突变而堕落,反而有"无乐自欣豫"的豁达。但只是自娱自乐还不够,人总得为自己找出路嘛!

于是,19岁那年他便去外面游学了。古时候的人挺喜欢干这事的,比如孔子就曾各地游学,最后功成名就、名留千古。陶渊明要游学说着容易,做起来却挺困难,最大的问题就是路费和生活费。好在陶渊明的叔父陶夔给了他一定的帮助。当时,陶夔在大司马桓温手下做一名参军,他也支持侄儿出去闯一闯,而且最好是去京城建康。

陶渊明随即踏上去建康的路途。

事实证明,古代有不少名不见经传的读书人都是因为去了京城而"混"出了名堂。陶渊明呢,他在建康"混"得怎样?

陶渊明去建康不久就遇到一件让他很窝火的事。这件事跟他叔父陶夔的上司桓温有关。桓温是谁？桓温的老爸桓彝死于苏峻之乱，咸和三年（328）六月，韩晃进攻桓彝所在的宣城，关键时刻，泾县县令江播背叛了桓彝，导致桓彝被杀。桓彝虽然被杀，但他的儿子却得以逃脱，逃脱后到了宛陵。当时桓温只有15岁，作为长子的他挑起了家庭的重担，因此声名大振。一次，桓温的母亲患了怪病，需要羊肉为引，当时的桓家穷得叮当响，哪买得起羊肉。桓温只好将最小的弟弟桓冲典押给卖主，才换回一只羊。这件事对桓温人生观的建立影响深远。少年桓温的经历很像金庸小说里的侠客，他一边读书一边习武，只因经历特殊导致了他价值观扭曲。面对痛彻心扉的经历，桓温对背叛他父亲的仇人江播更加仇恨，发誓一定要手刃忘恩负义的江播。

咸和六年（331），桓温18岁，还没有来得及报仇，江播就病死了。桓温觉得即使江播死了，也需要父债子还。于是桓温诈称吊丧之宾，把江播的三个儿子全部杀了。当时的法律对复仇是明令禁止的，但在实际的司法操作中却融入了"以孝治天下"的理念，对于复仇的行为大多予以宽恕。桓温在连杀江播三个儿子以后，不但没有受到追究惩罚，反而被人们称赞。不久被晋成帝司马衍亲自召见。后拜驸马都尉、琅琊太守，娶尚明帝的长女南康长公主为妻。可惜司马衍命不长，只活了21岁就死了，儿子司马奕继位。

桓温成名后却遭人唾骂。

当时的皇帝司马奕是个软弱无能的男人，虽然当了皇帝却像个摆设，真正掌握实权的是桓温。桓温野心很大，居然张口狂呼："大丈夫不能流芳百世，也要遗臭万年！"原来，桓温早就看上了司马奕的龙椅，想当皇帝威风一把。

桓温还称司马奕阳痿（"帝早有痿疾,嬖人相龙、计好、朱灵宝等。"《资治通鉴》第103卷），逼其退位，降为海西公，还变本加厉，把司马奕的三个儿子活活地用鞭子给勒死，说他们是"野种"，不能留在世上，以免玷污了皇室血统。之后，他还不解气，竟然将尸体悬挂在树上。被降为海西公的司马奕，哪怕后来与妃子再生了孩子，还得亲手将孩子掐死掩埋，以证明桓温说自己阳痿是真实的。

这件事让陶渊明非常震惊，相当地震惊！他不敢相信世上竟然有这样无能的皇帝，还竟然有这样大逆不道的臣子。

另外一件事更让人窝火。

当时京城里的门第观念很重，只要是名门望族，不管有没有能力都可以做大官。这些做了官的不仅不管事，还成天只知道纵酒豪饮，过着放浪形骸、醉生梦死的生活。那些士大夫阶层和社会名流也好不到哪里去，虽然他们对黑暗的统治不满，却也无能为力，也只是睁只眼、闭只眼地借酒浇愁或者发泄。

陶渊明游学到了京城，自然免不了要看到这样颓废的社会风气。

他受不了这个刺激，不久便离开了建康，之后游学于会稽郡、吴郡等地，结果也不令人满意。陶渊明这次游学原本是怀有很大抱负和希望的，没想到残酷的现实会让他

《陶渊明像》，明，王仲玉

这般失望。这次经历让他开始心存疑虑，到底要不要施展自己的才华，实现自己的抱负？

此时的陶渊明并没有完全失望。从京城回来的陶渊明还是踏入了官场，他想着或许换一个地方就不一样了。但问题是，官场不是想进入就能进入的，这里面还有许多讲究。与那些通常起步就能担任朝廷清闲且待遇丰厚的郎官的一流高门子弟相比，陶渊明出仕的时间相对比较晚，官职也不大。

这并不意味着陶渊明没有出仕的资格，作为桓氏故吏孟嘉之孙，陶渊明怎么着也算是桓氏一系。东晋名士孟嘉是当时重要军事将领陶侃的女婿，陶孟两家的姻亲关系就是这样建立起来的。陶渊明本可以年纪轻轻就能出仕，可惜桓冲的死使他错过了最佳的出仕机会（陶渊明的外祖父孟嘉曾任桓温的从事中郎、长史）。

第一个将陶渊明引入仕途的人是上文提到的谢道韫的丈夫，时任江州刺史的王凝之。王凝之能够继桓伊出任江州刺史，表明以谢安为首的建康政权已正式掌握了长期为上游军阀所霸占的江州，因此他上任后开始笼络江州的名士与豪族，陶渊明为乡邻之所贵，当然会受到州里瞩目。加之陶渊明当时在生活上已处于"吃了上顿没下顿"的窘境，不得不在仕途上寻觅机会。由此一拍即合，陶渊明入仕为州祭酒一职。萧统在《陶渊明传》中提到："亲老家贫，起为州祭酒。"

州祭酒到底是干什么的呢？这个官职说白了就是一个干杂活的，没有实权，主要负责掌管田租、户口、祭祀之类的事情。当时，凡是像州祭酒一类的官职都是那些高门子弟不愿意去做的。换句话说，陶渊明捡了个人家不要的官来做。

好在州祭酒一职每月至少有一些俸禄，总比之前好。所以陶渊明一开始还是挺积极的。但不久后发生的一件事情使原本就有怨言的他下定决心要辞官。王凝之喜欢炼丹，信五斗米道。既然是道士，那总得有一个道观嘛！王凝之要修道观，别人没意见，你可以自己出钱修，也可以向你老爸要钱，修多少都没关系，只要你乐意。偏偏这个王凝之自己不出钱，他要拿公家的钱来修。一天晚上，王凝之叫来陶渊明，很直白地跟他说了一句话："兄弟，不怕跟你明说，我准备贪污了，我要用州里的钱盖一座道观，方便我修炼之用。"陶渊明听了，心想这都是什么事儿啊！这都是什么世道啊！很快，他找了个借口便辞官了。

后来，王凝之再次邀请陶渊明出来做官，也被他谢绝了。陶渊明第一次做官是因生活所迫，当然，他也想在官场上有所作为，实现他年轻时做个好官的抱负。只是无奈于官场的束缚、政治倾轧以及森严的门阀世族制度，他不得已辞官。史书记载："不堪吏职，少日自解归。"

此后，陶渊明在家一闲就是好几年，"躬耕自资"俨然成为他那个时候的生活主题。可是，这种自己劳作、自己收成的生活真的能养活他吗？就算真的能养活他自己，那他的妻子儿女呢？

2

陶渊明一生中娶过三个女人。

公元376年，陶渊明25岁的时候，有了第一次婚姻。婚后一家人移居到了浔阳县城，他为了生计先是教书，但收入太低。后来到了江州刺史王凝之手下任州祭酒,这个前面已经讲述过。陶渊明第一次辞官的时候,他的妻子已经怀孕在身了。只是他母亲和妻子怕他在官场分心,没有告诉他而已。不幸的是,因为难产母子双双撒手人寰。

公元385年,34岁的陶渊明娶了他生命中的第二个女人。这一次陶渊明吸取了以往的教训,一心一意在家照顾好妻子。一年后,儿子阿舒顺利出生。又过了两年,妻子顺利产下第二个孩子阿宣。后来,妻子又生下一对双胞胎,取名阿雍和阿端。只是,因为操劳加病痛,公元392年,第二任妻子也撒手人寰。

陶渊明《乞食》诗意图,明,石涛

经历第二次丧妻之痛后，陶渊明娶了翟氏为妻。两年后，翟氏为陶渊明生了个小儿子，名唤阿通。有人说陶渊明的第三任妻子翟氏不贤惠，原因在于他在诗文中透露过对妻子的不满。但是，不满并不等于不贤惠。比如陶渊明曾说："余尝感孺仲贤妻之言，败絮自拥，何惭儿子？此既一事矣。但恨邻靡二仲，室无莱妇，抱兹苦心，良独内愧。"（《与子俨等疏》）

从这段话中我们看出陶渊明确实对自己的妻室有所不满，他渴望有像求仲、羊、老莱子那些高士的妻子那样的老婆。刘向在《列女传》中记载说，一个叫老莱子的楚国人隐居在蒙山之南，当时的楚王想让他出去主持楚国的政局，但他不愿意。这时，他的妻子说了一番很有意思的话，陶渊明对此是羡慕不已。

老莱子的妻子说："我听说，可以给你提供酒肉的人，也是可以鞭打你的人；可以给你官做的人，也是可以对你施加铁制刑具的人。先生倘若吃了人家的酒肉，领了人家的官俸，那就要受制于人。生在乱世而受制于人，能够幸免于难吗？"老莱子听后，深表赞同。于是，他带着妻子到另外一个地方隐居去了。

陶渊明对他妻子翟氏不满意，一个很重要的原因就是她未能对自己的弃官归隐表示充分理解。但是不满意就说明她不贤惠吗？陶渊明的妻子翟氏是一个勤劳能吃苦的女人。萧统的《陶渊明传》记载："其妻翟氏亦能安勤苦，与其同志。"李延寿的《南史·隐逸传》也说："其妻翟氏，志趣亦同，能安苦节，夫耕于前，妻锄于后云。"

这样一来，陶渊明自己说的话就跟文献记载中的说法有了出入。到底该信谁的呢？

陶渊明的妻子翟氏实际上是一个通情达理的好女人，对丈夫的辞官基本上也是支持的。丈夫辞官之后就没有了固定的官俸收入，由此家庭生活经常陷入困境。俗话说"巧妇难为无米之炊"，任何一个女人都很有可能产生一些抱怨。

陶渊明一向把自己的弃官归隐看作一件很了不起的事情，你看他写了那么多诗，其中有很多首都是赞美田园生活的。但连生活都成问题了，怎么去过怡然的田园生活，喝西北风吗？陶渊明做彭泽县令时，准备把所有的公田都种上可以酿酒的高粱，且得意地说："这下可有足够酿酒的高粱了，我可以尽情陶醉在酒中了。"

陶渊明《扶醉图》，元，钱选

陶渊明的这个想法立刻遭到妻子翟氏的反对，说种高粱还不如种水稻，这样大家都有得吃。陶渊明不同意，最后争来争去他让了步，水稻多种一些，高粱少种一些。《陶渊明传》记载："妻子因请种粳，乃使二顷五十亩种秫，五十亩种粳。"

这件事说明陶渊明有些自私和无理，不考虑一家人的生活。陶渊明的妻子翟氏在为一家生计操劳奔波时所说的怨言,自然让陶渊明很不满意。但若因此就说翟氏是一个不贤惠的女人,实在是冤枉她了。

公元389年,陶渊明再次为官。这一次,他是在新任江州刺史桓玄的下面任职。桓玄的老爸就是那个风格相当特异的桓温,此时桓温早已去世。

桓温死时桓玄才5岁,后袭父爵做过一些小官,以他的个性,心里自然很不满意。后来趁着晋朝内乱的机会,桓玄依靠他老爸当年的关系网,四处笼络势力,不断地扩大自己的势力范围。并于公元398年出任江州刺史,成为各世族联盟的盟主。

桓玄所处的时代是孝武帝统治时期,孝武帝的权力落入弟弟会稽王司马道子手中,司马道子知道自己的实力不够,还不足以确保自己的权力不受到威胁,因此重用了王国宝和王绪两个佞臣小人。让这样的人当道,老百姓岂能有好日子过?

公元397年,终于有人忍不住了,不把这样的人弄下台,以后的日子别提有多难了。兖州刺史王恭联合殷仲堪、桓玄讨伐王国宝,反对会稽王司马道子擅权,晋朝内乱由此愈演愈烈。

桓玄这小子凭什么捡这么大便宜呢?在当时的形势下,想要挽救晋朝的危机,实在是找不出其他人选了。桓玄也并非庸碌之辈,他不仅是一个武林高手,且能写出一手好文章,实乃文武双全。《晋书·桓玄传》记载,桓玄"形貌瑰奇,风神疏朗,博综艺术,善属文"。桓玄的才华还显露在他的著作上,他的主要著作有《周易系辞》二卷、《桓玄集》二十卷,另有《凤赋》《鹤赋》等文章。此外,他批判佛教,主张限制寺院经济的发展,对当时和以后都有不可磨灭的影响。

陶渊明就是在这样的情况下投奔到桓玄幕下的,济世安民和成就功名之心使他迈出了重返仕途的一步。但陶渊明运气不好，桓玄跟他老爸一样，也想当皇帝，他还特别喜欢美女，极善床笫之事。这样一来，陶渊明对桓玄的第一印象就不好：一个沉溺于美色的上司会是一个好上司吗？此时的陶渊明心里很是失望，为什么自己总遇到这样不做正事的上司呢？前有王凝之信神弄鬼，挪用公款，现在又有一个比他老爸桓温有过之而无不及的桓玄。

桓玄给陶渊明弄了个记室参军的官做。记室参军就是写写文书、记录表彰之类的芝麻官，比那个州祭酒的官可小多了。陶渊明想济世安民和成就功名的愿望又一次打了水漂。陶渊明在桓玄手下郁闷得要死。此时的桓玄正在偷偷地招兵买马，发展自己的势力，阴谋篡夺帝位。在这样的背景下，陶渊明接到了一个费力不讨好的差事——起草《讨海贼表》，其意思是表示要效忠皇帝，替皇帝讨伐那些造反的人士，如作乱的孙恩、卢循等人。

陶渊明按照桓玄的意思写了一篇名为《讨海贼表》的奏文。为什么起这样的奏名呢？公元399年10月，孙恩从海岛率百余众登陆，攻破上虞，杀掉上虞县令。之后，孙恩的势力迅猛发展，足有10万人，给朝廷带来极大的威胁。陶渊明写完后又奉桓玄之命亲自送到都城建康请奏皇帝。陶渊明没有办法，只好去了建康，求见司马元显。司马元显又是谁呢？他就是会稽王司马道子的儿子。

桓玄是让陶渊明将《讨海贼表》给当今皇帝看的，陶渊明为什么会求见司马元显呢？

当时的皇帝是司马德宗，他的老爸司马曜是一个酒鬼加好色之徒，因酒后戏言被宠姬张贵人用被子捂死。司马曜宠爱美女张贵人。一次，司马曜又喝高了，满脸酒气，说了一句酒话："当年你是因为脸蛋和身材才被封为贵人的，现在你快30了，美色已大不如前，又没生孩子，白占着一个贵人的位置，明天我就废了你，另选新人。"司马曜只是酒喝高了，才说了一句玩笑话，没想到招来杀身之祸。张贵人自从得宠以来，恃宠生娇，从来没有遭受过如此训斥和羞辱。俗话说"酒后吐真言"，她对司马曜的这席话自然是"宁可信其有，不可信其无"，杀心顿起。《晋书·卷九》记载："时张贵人有宠，年几散失，帝戏之曰：'汝以年当废矣。'贵人潜怒，向夕，帝醉，遂暴崩。"司马德宗被扶上位。司马德宗据说患了小儿麻痹症，连话都说不清楚。因此朝中大权就落在了他的叔叔司马道子手中。司马道子爱江山更爱美人，整天和美女鬼混在一起，没什么时间和精力来处理朝政，索性就把朝中大事交给了儿子司马元显。因此，陶渊明要等待的是一个才16岁的孩子的召见。

陶渊明到了司马元显的府上，将《讨海贼表》呈了上去。没想到这个司马元显瞥都没瞥一眼，随手将《讨海贼表》扔在了一边，转而问道："这桓玄是真的想平定海贼吗？还是有别的想法？"

陶渊明回答说他不过是奉命行事。司马元显可不是糊涂人，别看他年纪小，智商可不低，很清楚桓玄的动机，于是又对陶渊明说道："你回去告诉桓玄，以后就不要上表了，江东的那几个海贼不过是小儿科，朝廷会解决的，你且退下吧！"

陶渊明回去后将事情一五一十地给桓玄说了，桓玄气得七窍生烟。不过也没办法，时机未到。到了第二年，桓玄见势态更严重了，又让陶渊明写《讨海贼表》。

陶渊明心里一凛，上回去是因为运气好，司马元显没有对自己发飙，这次要是不知趣再去，那脑袋不搬家才怪。再说，自己写这《讨海贼表》已经是犯天下之大忌，很对不起天下百姓了，如今还要写，那还不被人的唾沫淹死？正在这时，陶渊明人生中另一件悲伤之事发生了——他的母亲孟氏去世了，这件悲伤之事让陶渊明躲过了一劫。

按照古时候的礼法，做儿子的要替老妈在家中守孝三年，陶渊明就趁机向桓玄提出了辞官。这是陶渊明的第二次辞官，结束了他这段三年的仕宦生涯。陶渊明此次辞官回家，从之后所发生的事情来看不失为明智之举。因为，就在他回家的第二年（402年），司马元显也坐不住了，决定先下手干掉桓玄。这正好也给了桓玄借口。于是桓玄带着军队杀入京师，把所有能威胁到他的势力几乎都给解决了。桓玄便打起了龙椅的主意，并于元兴三年（403）十二月正式称帝，改国号为楚。

此时已避开了这些繁杂的变乱，正在家服孝的陶渊明又是怎样一种状态呢？

陶渊明不可能不知道他的上司桓玄当了皇帝，但他却保持了沉默。不过，保持沉默并不等于没有话说，我们可以从他在这期间写的诗歌中看出，陶渊明不是真正的隐居，心中有很多想法和思考。比如在《癸卯岁始春怀古田舍》诗二首中，陶渊明提出躬耕生活的设想，他觉得如果能"夙晨装吾驾，启涂情已缅。鸟哢欢新节，泠风送余善"便是最好的生活了。陶渊明是被这纷乱的社会给弄怕了，再加上运气不佳，才产生了这样的想法。不过想来这样的美好生活确实让人向往：坐着牛车，伴着鸟鸣，沐浴在风中。不仅如此，他还希望能达到这样的境地："平畴交远风，良苗亦怀新。虽未量岁功，即事多所欣。"这是陶渊明觉得很安全的地方，他可能做梦都想着自己不用再为纷乱所牵累，做一个"长吟掩柴门，聊为陇亩民"的人。

陶渊明《归庄图》，元，何澄

只是这一切不过是陶渊明自以为是的设想，毕竟这与当时的社会现实相悖啊！更何况，躬耕自资的艰辛很快便显现出来了，一年的劳动带来的收成却不能填饱肚子。换句话说，生计又成问题了。其实，陶渊明并没有真正地做到隐居田园。我们可以从他的四言诗《荣木》中窥测出其内心世界的焦躁与不安：

荣木，念将老也。日月推迁，已复九夏，总角闻道，白首无成……先师遗训，余岂之坠？四十无闻，斯不足畏。脂我名车，策我名骥。千里虽遥，孰敢不至！

陶渊明在感叹岁月的不饶人，人生的价值还未实现。他着急啊！这分明是有一颗驿动的心，哪是贪念隐居田园的恬静安详？那么，此时的陶渊明还会走向官场吗？

3

就在陶渊明守孝期满后不久,桓玄那小子就出大问题了。

桓玄的皇帝瘾就过了三个月的时间,估计连龙椅还没坐热,他就被一个叫刘裕的家伙给灭了。为了铲除有威胁的势力,桓玄决定诛杀北府将领,刘裕就是北府将领中的一员。后来孙恩作乱,朝廷派谢琰、刘牢之去镇压。刘裕是怎么跟这些事联系到一起的呢?缘于上司孙无终的推荐。刘裕由孙无终推荐转入刘牢之麾下当参军,他跟随刘牢之凭借智慧多次建立战功,常常以少胜多。当时,有很多握有兵权的将领纵兵掠夺百姓,唯独刘裕的军队法纪严明。刘裕威望越来越大,战功越来越显赫,被封为建武将军。后来,桓玄干掉司马元显,夺了刘牢之的兵权,刘牢之因惧祸选择逃走,最后自缢而亡。这时的刘裕选择投靠桓玄,因他屡建军功,在北府旧部中颇有声望,所以桓玄不敢小视他,当了皇帝后更对其予以重用。其实,桓玄下错了一步棋,不应该如此重用刘裕。桓玄的妻子刘氏颇能识人,她多次对桓玄说:"刘裕这个人不简单,此人有龙虎之志,他不会久居人下的,应该尽早除掉为好。"桓玄没有听取妻子的意见,反而说:"我现在还没有统一中原,除掉他万万不可,就算要杀他,也要等到关陇平定后。"公元404年3月,桓玄与刘裕正式闹掰,随后刘裕率兵进入建康,桓玄逃到西川。桓玄死后,刘裕建立了刘宋政权。

刘裕初建政权,需要广纳贤士,陶渊明就是他看中的一个人选。更何况,陶渊明是一个脱离了桓玄归田隐居的江州名士!于是,陶渊明走上了京口赴任的道路。在去任职的途中,陶渊明在曲阿(属今江苏镇江市)写了一首表露心迹的诗《始作镇军参军经曲阿作》。

弱龄寄事外，委怀在琴书。被褐欣自得，屡空常晏如。时来苟冥会，宛辔憩通衢。投策命晨装，暂与园田疏。眇眇孤舟逝，绵绵归思纡。我行岂不遥？登降千里余。目倦川途异，心念山泽居。望云惭高鸟，临水愧游鱼。真想初在襟，谁谓形迹拘？聊且凭化迁，终返班生庐。

陶渊明这次出仕跟第一次的原因差不多，尽管陶渊明极力地掩饰自己内心的真实想法，但还是被自己的文字给出卖了。

陶渊明说他从年少时就寄身事外，倾心琴书。倾心琴书这一点倒是掏心窝子的话，陶渊明的琴艺很高，跟朋友一起喝酒的时候，绝不

渊明诗意册页 02　悠然见南山，明，石涛

会忘了抚琴而吟。至于读书,他更有这个条件,他的外祖父孟嘉是当时社会名士,有很多藏书,陶渊明可以尽情地徜徉在书的海洋里。这样看来,似乎陶渊明在年少的时候就决定过安贫乐道的生活。可他为什么要出任这次的镇军参军一职呢?按照他的说法,是因为"时来苟冥会,宛辔憩通衢"。这句话的意思是,虽然入仕并非自己的人生价值取向,但是如果碰巧时机垂青于自己,那么也不妨拨转车驾游憩于仕途之中。于是准备起行装,暂时离开田园,就任镇军参军去了。

表面看来这次出仕似乎是一次随性适意的决定,与他安贫乐道的价值取向并没有冲突。当我们细看此诗的后半部分时却可以清楚地体会到陶渊明在上任途中的矛盾心情。虽然他把这次入仕说成是一种时机的"苟冥会",但是那种源自骨子里的济世救国、建功立业的价值观还是无法泯灭的。"望云惭高鸟,临水愧游鱼",正是他矛盾心情的真实流露。而"真想初在襟,谁谓形迹拘?聊且凭化迁,终返班生庐",更将他的内心世界表露无遗。

陶渊明这次京口赴任做得怎样呢?一句话,跟上一次体验并无二致。刘裕并不重视他,他经常是无所事事。这个刘裕跟桓玄都差不多,他有桓玄一样的野心,想过把皇帝瘾,只是他比桓玄更会装。人家桓玄要做皇帝的时候好歹敢明着来,这个刘裕玩阴的,就是一个十足的"岳不群"。他要不是在桓玄面前装得那样"给力",桓玄也不至于这么快就死了。陶渊明不是傻子,他不久就看出刘裕的为人和疯狂野心了。

刘裕猜忌成性,很多在他手下任职的贤才都惨遭他的毒手。桓玄败死于江陵之后,刘裕全力铲除其余党,凡不是刘裕一派的人随时都可能遭遇杀身之祸。陶渊明不免想自己算什么呢?如果刘裕真的是看中你，那人家至少应该给你切实的任务，但刘裕没有，只是让你没事可做，空有一个参军的头衔，更何况你还是桓玄的旧部呢？所以陶渊明越想越害怕，再不走脑袋就快搬家了。

就这样出于自身安全的考虑，陶渊明在刘裕手下干了不到一年就辞职走人了。陶渊明这种明哲保身，迫于环境的压力而不得不辞官的做法，在当时看来不愧为一个明智的选择，早点儿离开那个是非之地，总比搭上性命强。

此时的陶渊明已经41岁了，就在他离开刘裕后不久（405年），他到刘敬宣那里去做参军了，这是陶渊明的第四次为官。当时陶渊明离开刘裕回到老家柴桑，而刘敬宣恰好就驻军在陶的家乡浔阳，离陶渊明在柴桑的家很近，这可能是陶渊明选择在此任职的原因之一吧。不过，更为重要的原因是陶渊明那颗济世救国、建功立业的心还没有彻底枯死，他还想继续努力。

刘敬宣虽然颇受刘裕的器重，但是刘敬宣可不糊涂，他知道自己不是刘裕的亲信。所以当刘裕任命他为建威将军、江州刺史时，他的内心更加恐惧，也曾一再推辞，后来上任也是胆战心惊的。刘敬宣对陶渊明挺器重的。就这样，陶渊明做了江州刺史建威将军刘敬宣的参军。后来，晋安帝司马德宗反正，刘裕的权势更重了。见此情形，本就惊恐不安的刘敬宣立即自表解职，为了保命，他不敢亲自去建康呈交，让陶渊明代替他去。

陶渊明简单地收拾了一番，便踏上了上京之路。在途经钱溪的时候写了一首名为《乙巳岁三月为建威参军使都经钱溪》的诗。

我不践斯境，岁月好已积。晨夕看山川，事事悉如昔。微雨洗高林，清飙矫云翮。眷彼品物存，义风都未隔。伊余何为者，勉励从兹

渊明诗意册页 05　带月荷锄归，明，石涛

役？一形似有制，素襟不可易！园田日梦想，安得久离析？终怀在归舟，谅哉宜霜柏。

　　陶渊明写这首诗时似乎心情已经很平静了，他开始觉得在残酷的现实面前自己不过是在做徒劳无功的努力。于是他开始怀疑自己这样的努力到底值不值。因为他实在是太背了，四次做官，没有一次遇到了"好人"。残酷的社会现实以及动乱的纷争年代使得陶渊明不得不痛彻地进行思考。"伊余何为者，勉励从兹役？"他甚至对济世救民的价值取向产生了怀疑。

　　当这种意向被否弃之后，陶渊明就想到只有个体生命本然的存活才是当下最为重要的。从"一形似有制，素襟不可易！园田日梦想，安得久离析"来看，陶渊明此时似乎是归心已决。所以，当刘敬宣离职后，他也就辞职不干了。

公元406年秋天,陶渊明回到了老家。辞官后他的日子并不好过,之前做官时的积蓄并不多,没过多久便所剩无几了。为了生计,陶渊明第五次为官,做了彭泽县的县令。陶渊明这次能够上任彭泽县令很有可能得力于他的叔父陶夔,陶夔当时担任九卿之一的太常。应该是他叔父陶夔向当地刺史刘敬宣推荐后陶渊明才获得任命的。

陶渊明上任彭泽县令后只做了80多天便辞职了。陶渊明第五次辞官的原因,萧统在《陶渊明传》里记载:"岁终,会郡遣督邮至。县吏请曰:'应束带见之。'渊明叹曰:'我岂能为五斗米,折腰向乡里小儿!'即日解绶去职。"这也是后人百般称颂他的地方,称赞他不向权贵屈服,不与恶势力同流合污。这一年是晋安帝义熙元年(405),距晋朝灭亡还有15年。

就这样,陶渊明13年断断续续的仕途生涯就此结束了,然后开始了他"悠然见南山"的隐逸生活,成就了隐士的美名。或许陶渊明要感激自己为官的碰壁,这让他彻底死了为官的心,可以全身心地寄情于山水间。

处于东晋纷乱的年代,陶渊明只有两条路可选择:要么投入到社会洪流中去,以救世济时之心,建功立业;要么什么都不管,安心地隐居。

第一条路,陶渊明不是没有试过。他在东晋政局最动荡的时候,选择了最足以影响东晋政局的两个军府。当他真的投身其中,却因为种种"不满意"而急忙退身了。

第二条路,是第一条路的矛盾延续。回去过隐居生活后,又不死心,还存希望,于是又进入仕途。陶渊明就这样处于矛盾的挣扎中,曾因济世救时之心和贫困去为官,又因为看不惯官场的污浊而辞官。

2. 做官屡碰壁，不妨一世清高——陶渊明

渊明诗意册页 04　狗吠深巷中，鸡鸣桑树颠，明，石涛

陶渊明最终归隐田园，也与其家族的名士脱不开关系。陶渊明的性格及品行或多或少是受了这些人的影响。

陶渊明有一个叔父叫陶淡，此人热衷于仙道，善隐居，喜欢导养之术，15岁时就服食绝谷，喜欢读《易》，对卜筮很有研究。陶淡是一个很有意思的人，尽管富得流油，但从不过问自己的产业，对钱财极为看淡，与他的名字很吻合。

可能是他觉得跟人群居实在没什么意思，干脆离家到长沙临湘山中修建了一个草庐，彻底隐居起来。可能觉得太孤单寂寞了，就养了一头白鹿作为他的伴侣，估计"梅妻鹤子"的林逋就受其影响。陶淡甚至因为觉得亲戚朋友的关心探望太过吵闹，干脆渡过涧水躲藏起

来，跟人玩失踪。当州里举荐他为秀才时，他彻底失踪，再没回来。这位叔父颇具传奇与个性的一生对陶渊明产生了不小的影响。

陶渊明的舅叔公孟陋也是一个隐士。此人喜欢读书，常常一个人去河边钓鱼，独来独往，连家里人也不知道他到哪里去了。当时的简文帝曾邀他做参军，但他称病拒绝了。桓温当刺史的时候亲自去看望孟陋，也希望他能辅助自己，但同样白走一趟。

陶渊明的外祖父孟嘉官不大，却是一个比较有名气的人。一些来到江州的外地人会经常打听谁是孟嘉，他的朋友说他是当三公的料，可见世人对其评价之高。我们可以在陶渊明的身上看到孟嘉的影子，比如两人都喜欢喝酒，都喜欢读书，喜欢自由，等等。陶渊明少时的很多时间都是在他外祖父家度过的，势必会受到他的影响。

4

陶渊明辞掉彭泽县令回家的途中，写了一首叫《归去来兮辞》的辞赋。在这篇作品里，陶渊明对自己的人生路进行了深刻的剖析，认为自己的人生痛苦在于对将来的无能为力。既然无法成功，那就只有归去。于是他为自己的灵魂找到了一个桃花源，一个体悟生命的精神高地。

归隐后的陶渊明是否真的就心静了呢？离开了社会的纷乱，过闲适的田园生活就一定没有作为吗？

陶渊明或许做过这样的思考。古代的那些隐士为什么那样出名，他们肯定是有秘诀的。作为一个成功的隐士并不是我们以为的那样不问世事，有他们自己的"道"。

陶渊明也充分利用了自己的长处——喝酒与写诗文。

每逢酒熟时,他便取下头上葛巾滤酒,滤酒后再把葛巾戴在头上。接下来就是品尝美酒了,而创作的灵感也由此"一发不可收拾"了。陶渊明关于"酒"的诗文有很多,初步统计至少有20多首。陶渊明爱喝酒的名声更是广为流传,有一个叫王弘的江州刺史就着了陶渊明的"道"。陶渊明辞官后,朝廷曾屡次要征召陶渊明做官,他都没答应。王弘就想要结识他。王弘去见陶渊明并不顺利,吃了好几次闭门羹。陶渊明称自己有病,不方便接见客人。一方面是不想与官场再有任何瓜葛;另一方面也是要抬高自己的身价——我陶渊明岂是你说见就能见的?

陶渊明越是这样,王弘就越不死心,越不死心就越要想办法了却心头事。王弘从一个叫庞通之的人口中得知陶渊明特别爱喝酒。庞通之是陶渊明的好朋友,两人常在一起喝酒。于是,王弘就准备好美酒,让庞通之在半路上摆好。果然陶渊明一见有酒便停下来了,跟庞通之畅快地痛饮。两人喝着喝着,突然冒出个人来,这个人也不说话,拿起酒杯就跟陶渊明喝起来。此人不是别人,正是王弘。这时,庞通之赶紧解释,说这都是刺史大人王弘有意安排的。

其实,王弘的为人挺不错的。陶

《渊明醉归图》,明,张鹏

渊明心里知道这一点,他见火候也差不多了,就结交了王弘。后来,王弘在经济上给了陶渊明极大的帮助,要不仅凭陶渊明种田的那点儿收入,如何养家糊口?如何寄情田园?

关于陶渊明利用酒做文章的事还有一个经典传说,这就是虎溪三笑。在东林寺有一个住持非常有名,此人就是慧远大师。慧远一直在寺院里过着深居简出的日子,陶渊明听说这个慧远大师每次送客或者散步的时候,从不逾越寺门前的虎溪。因为一旦过了虎溪,寺后山林中的老虎就会吼叫起来。陶渊明不禁打起他的主意来,于是邀请道士陆修静——当时南方道教的一代宗师一起去拜访慧远大师。两个当时极有影响力的人物再加上一个陶渊明,这绝对是可以成为历史典故的。

陶渊明和陆修静来到东林寺。和尚是不能喝酒的,但陶渊明为了能让慧远大师送他出虎溪,就打算把他灌醉。酒可以壮胆,也可以让人忘我。陶渊明劝酒的功夫可谓一流,慧远哪经得起他劝啊!就这样三人喝了一杯又一杯,陶渊明见火候差不多了,便说时候不早了,我

《虎溪三笑图》,宋,佚名

们也应该走了。而慧远大师也着了陶渊明的"道",不知不觉地就将陶渊明和陆修静送过了虎溪桥,直到后山的老虎发出警告的吼叫,才发现过了平时不敢越过的禁区。于是,三人相视大笑而别。

虎溪三笑真的成为典故了,连诗仙李白都写诗加以描述,他在《别东林寺僧》中写道:"东林送客处,月出白猿啼,笑别庐山远,何烦过虎溪。"关于这个典故的绘画就更多了,很多画家都曾就这一题材作画,如五代的石恪、宋代的梁楷、李公麟,明代的陈洪绶、郭诩,现代的傅抱石、李可染等,画作名称多为《三笑图》或《虎溪三笑图》。

陶渊明最厉害的,当然还是他那篇妇孺皆知的传世之作——《桃花源记》。这是陶渊明在写诗文方面最成功的案例,到现在人们还惦记着桃花源,桃花源的生活成了人们心中永恒的向往。在这篇文章里,陶渊明把孔子的安贫乐道、庄子的自然回归以及老子的大同思想有机地结合在一起,勾画出一幅"世外桃源"的美好图景。

陶渊明为什么要写这样一篇文章,虚构一个他理想中的"世外桃源"呢?除了寄托他的心志,还有一个原因就是陶渊明心中有"世外桃源情结",他利用这种情结精心策划了一个流传千古的"桃花源"。隐居后的陶渊明虽然过着田园酒徒式的生活,心中却有着无法磨灭的伤痛:在现实中无法完成济世救民、名留青史的梦想,便只能在文字中实现了。后来,南朝梁代的萧统果然入局,在读了陶渊明的文章后如同着魔,之后开始广泛搜集陶渊明的作品,并整理成集。

世上真正的隐士是没有的,一个成功的隐士绝对是似隐非隐的。对陶渊明而言,他无疑做到了这一点,也难怪被后人称为古代最有名的隐士。

3. 炒作高手，成功也是有门道的
——陈子昂

陈子昂（661—702），字伯玉，四川射洪人，唐代著名文学家，初唐诗文革新人物之一。唐睿宗文明元年中进士，因曾任右拾遗，后世称陈拾遗。在政治上曾针对时弊，提出改革建议。

在文学方面，针对初唐的浮艳诗风，陈子昂力主恢复汉魏风骨，反对齐、梁以来的形式主义文风。其诗歌风格质朴而明朗，格调苍凉激越，代表作有《登幽州台歌》《感遇诗三十八首》《蓟丘览古赠卢居士藏用七首》等。

1

金末元初时著名的历史学家、文坛盟主，被尊称为"北方文雄""一代文宗"的元好问对陈子昂十分赞誉，他说："论诗若准平吴例，合着黄金铸子昂。"这种赞誉可谓是贴足了金。现在要是给谁铸个铜像之类的,已经很不得了了,陈子昂更值钱,不是要为他铸一个铜像,而是要铸一个金像,真是价值连城啊!

陈子昂是谁?他为什么能博得元好问那么高的评价?他是怎样一举成名的呢?

他就是那个写《登幽州台歌》,写下那句著名的"前不见古人,后不见来者"的初唐诗人。

唐朝是中国古代很辉煌的一个时代,不但国力强盛,疆域宽广,文化也是很繁荣的。在唐朝,特别是那些很繁华的城市都有古玩市场。一天,陈子昂出门来到了卖古玩字画的那条街,看见有人正在拍卖古琴。

一个自然而生的且很有意思的炒作就这样开始了。

这次炒作成就了一个文化典故——陈子昂摔琴。其实,陈子昂对古琴并不在行,他甚至不会弹琴。但他聪明啊,又不缺钱,他要的是名气,不落入俗套的名气。

陈子昂天价买下一架古琴,这可乐坏了那个卖琴的人。不过,真正高兴的应该是陈子昂。为什么这样说?陈子昂什么都缺,唯独不缺才华跟

《弄胡琴图》,清,王树毂

钱财，所缺不过是日后发达的第一步，等自己出仕为官了，那还不是风光至极。

陈子昂花天价买了一架并不值钱的古琴，这个消息很快便传得沸沸扬扬。很多人都怀着好奇心去关注这个事件。但陈子昂还嫌效果不够好，自己又花钱请托，到处宣扬。他还大肆说自己很有钱，凡是愿意把消息散发出去的，他都不会亏待的。

既然买了古琴，还是花天价买的，不举办个音乐会多对不起那琴啊！三天后，果然人山人海，很多人闻讯而来。

好了，音乐会开始了。大家都以为这个花天价买古琴之人会弹奏出悦耳之声。不料陈子昂将手一挥，示意大家静下来后，说道："我其实不懂音律，也不会弹奏什么古琴。"他一边说着，一边用力将琴摔在地上，琴顿时被他摔了个稀巴烂。当时在场的所有人都惊呆了，说这人怎么把花天价买来的琴给摔了，是不是有病。这时，陈子昂见是时候了，赶紧发话："这算什么？"他的语气满是不以为意。

"你们知道吗？这琴跟我的才华比起来，简直是一文不值。我的才华可以惊天地泣鬼神。"陈子昂说完，将自己的文章"遍赠会者"。结果可想而知："会既散，一日之内，声华溢都。"

"摔琴事件"让陈子昂红遍了整个京城。陈子昂自导自演的这出戏，难道就只是做给普通观众看，获得声声喝彩吗？不，绝不是！如果只是这样那也太小看陈子昂了。陈子昂是做给武则天看的。

当时执政的武则天正遭到不少人激烈反对，特别是李家的人。这样一来，武则天即便是要用李家的人，心里仍是会打问号的。换句话说，就是不会完全信任李家的人。武则天又不是昏庸之人，她肯定要发掘、提拔、重用非李家的能干之人。陈子昂"摔琴事件"很快就传到了宫里，武则天不可能不知道陈子昂了。

这并不是臆断！为什么这样说？通过这次炒作，陈子昂的才华得到了上层人士的赏识，名气远扬。在当时，有人对他做出了这样的预测："此人必为天下文宗矣！"果不出预料，陈子昂的才华令武则天称奇，他的论著被誉为"当世以为法"。(《新唐书·艺文志》)

2

事情的发展都如陈子昂预期的那样顺利吗？没有！

唐朝也是要讲门第出身的。虽然陈子昂家里有不少钱，但是他家的身世并不显赫；虽然陈子昂极善于自我炒作，但想在朝廷大展手脚却不是那么简单。因此一夜成名的陈子昂步入仕途后并没有什么发展，反而一直处于官场的底层。这让陈子昂极其郁闷。

这样郁闷的日子一天天过去，陈子昂也不是没想过办法。他心里也在做着激烈的斗争：我是不是可以再次进行自我炒作呢？左思右想，觉得不能这样做，因为环境不允许了。剩下的就只有等待了。等待一个春暖花开的日子到来，等待让陈子昂蠢蠢欲动。

机会终于来了。到底是什么机会让陈子昂看到了无限生机呢？这就是前面提到的武则天执政。

武则天要做皇帝！这绝对是大唐有史以来的重磅新闻。敏锐的陈子昂嗅到了机会，他要开始咸鱼翻身了。武则天执政遭到了很多人的反对，当然其中包括许多文人的积极讨伐。这也从侧面说明当时文人

武则天像

的正统思想以及想涉足政治的愿望。这样轰动的事情当然少不了陈子昂。不过，他不是写文讨伐武则天，而是反其道而行之。

徐懋公的孙子徐敬业曾公开宣称反对武则天，并发兵讨伐。当时，骆宾王也旗帜鲜明地拥护徐敬业，并写了一篇讨伐檄文《为徐敬业讨武曌檄》。骆宾王，就是写《咏鹅》的那个天才诗人，与王勃、杨炯、卢照邻合称"初唐四杰"。就在一大帮文人都讨伐武则天时，陈子昂却写下了《上大周受命颂表》、《大周受命颂》四章、《庆云章》等系列作品。在这些作品中，陈子昂对武则天进行歌功颂德。总之，凡是能颂扬到武则天的，他都极力写之。

臣草野愚陋，生长休明，亲逢圣人，又睹昌运；舜禹之政，悉皆目见，幸亦多矣！

陈子昂将武则天视为当世舜禹,如此拍马屁,简直到了登峰造极之境地。"非我圣母,庆云谁光?庆云光矣,周道昌矣。九万八千,天授皇年。"你看,这样极其露骨地将武则天比成圣母,可谓是媚颜到家了。

陈子昂这样拍武则天的马屁,削弱人们反对武则天的锋芒,无疑是跟以骆宾王为代表的文人们对着干。就这样,初唐两个著名的文学家各自站到了两个阵营之中去了。陈子昂的这种做法确实为当时不少文人所不齿,但是陈子昂确实对武则天有作用啊!这样一来,陈子昂升官自然也就不在话下,这一时期的陈子昂应该是扬眉吐气了。

然而,陈子昂那种自大、喜欢夸谈的个性有增无减,这也是他后来悲剧人生的重要因素。

陈子昂起初以为只要凭借他手中之笔就能长期讨得武则天的欢心。右拾遗仅仅是一个谏官,偏偏这个陈子昂整天说一些没多大实际意义的套话,难以赢得武则天的青睐。因此,陈子昂虽然有官可做,但他依然郁郁终日。他渐渐发觉做谏官没多大出息,是男人就应该驰骋疆场,英勇杀敌,建功立业。

于是,陈子昂想着到战场上去建立一番功业。

3

早在太宗贞观年间,契丹就臣服了大唐。到武则天执政时,万岁通天元年(696)发生了一件事:大唐营州都督赵文翙施行暴政,虐待臣服大唐的契丹酋长。

《卓歇图》，五代，胡瓌

契丹人心存愤恨，决定报仇。

同年五月，契丹松漠都督李尽忠、归诚州刺史孙万荣攻陷营州，灭了引起祸端的赵文翙。随后，李尽忠自称无上可汗，占据营州，以孙万荣为前锋，四处攻掠，数日间拥兵数万，进军檀州。

武则天闻讯大惊，命令鹰扬卫将军曹仁师、右金吾卫大将军张玄遇、左威卫大将军李多祚等二十八将进行讨伐。结果唐军大败。之后唐军再次讨伐依然战败，全军覆没。

武则天闻报大怒，令晋冀陕近边各州设置武骑团兵，组织抗击契丹的军队，坚决消灭契丹，并任命她的侄儿、同州刺史武攸宜为右武卫大将军。当然,《资治通鉴》记载:"天下系囚及庶士家奴骁勇者,官偿其值,发以击契丹。"武则天还任命了其他将领,这里不再一一说明。

陈子昂自然也想抓住这次机会,一改武则天对他的不好印象。他主动提出要去战场。武则天任命陈子昂为攸宜府参谋。其实,陈子昂不是只说不做的空壳蛋,要不武则天也不会任命他为参谋了。问题出在武则天的侄儿武攸宜是个无能之辈,对领兵打仗可谓一窍不通。你说你不懂打仗,那你虚心听取参谋的意见啊!武攸宜不仅不听,反而骄傲自大。陈子昂这时求功心切,不时地为武攸宜出谋划策。武攸宜呢?不仅毫不领情,反而觉得陈子昂很烦,找了个借口就将陈子昂降职了。就这样,陈子昂想从军立功的计划也就宣告破产了。

武攸宜是武则天的侄儿,是他们武家的人,陈子昂当然不敢说什么。无奈下,只好选择离开。之后,他一直没有多大进展。似乎看淡了官场名利之争的陈子昂决定隐居。38岁那年,他以父亲年老多病为由奏请归侍,朝廷下诏准许他保留官职回乡供养。

不久,陈子昂的父亲病逝,这给陈子昂的打击是巨大的。家里的擎天大柱倒了,厄运接踵而至。原先陈老爷在世时自然风光无限,县太爷也得给足面子,再加上陈子昂又是朝廷命官,县太爷自然巴结不已。如今陈子昂什么都不是了,再加上他所在的射洪县县令段简是个贪得无厌的小人,早对陈家的钱财垂涎三尺。陈子昂想着你段简不是贪财吗?那我给你,于是陈家就给他送去了20万缗。但段简并不知足,贪婪的魔爪不停息。陈家见此人如此贪婪,很不高兴,鄙视极了,同时不再白给钱。没有满足的段简就将陈子昂打入了监牢。据说,陈子昂在狱中曾经给自己卜过一卦，卦象结果为大凶。他仰天长叹道："天命不佑，吾殆死乎！"不久，他果然死在狱中，时年43岁。这是《唐书》上的记载。

但事实真的如此吗？不好说。

历史上对陈子昂的死因一直有争论。有人说是武攸宜暗中指使段简害死了陈子昂。但想想，武攸宜要害陈子昂何须如此周折，他可是武则天的侄儿，想要整一个人还不容易？再说，就算是陈子昂得罪了武攸宜，也只是得罪而已，没有根本的利益冲突，犯不着让人丢掉性命。更何况，陈子昂的隐退是得到了武则天同意的。段简不过是区区一县令，怎敢随意加害朝廷命官？南宋哲学家叶适提出了大胆怀疑，他说："子昂名重朝廷，简何人？犹二十万缗为少而杀之，虽梁冀之恶不过。恐所载两未真也。"

还有一种说法，说陈子昂是在狱中忧郁而死。相比之下，这个说法合理性更高。官场上的失败无疑是陈子昂人生最大的隐痛，但他又无法改变这一切。如果《唐书》上记载属实，那再加上这一点，以陈子昂的性格，忧郁而死也不是不可能。陈子昂的好友卢藏用在《陈氏别传》中说："子昂性至孝，哀号柴毁，气息不逮。属本县令段简贪暴残忍，闻其家有财，乃附会文法，将欲害之。子昂惶惧，使家人纳钱二十万，而简意未已，数舆曳就吏。子昂素羸疾，又哀毁，杖不能起。外迫苛政，自度气力恐不能全。"

不管怎样，陈子昂的结局不好，是一个悲剧，这是没有争议的。

陈子昂的一生差不多被忧伤和悲哀缠绕。他一生看似得志，其实又不得志。他性格中有浮躁的一面，且对功名难以割舍，所以，他会在官场上败得很惨，望官哀伤也就不奇怪了。

究其原因，还是他的书生意气所致。一方面他想在政治上有所作为，另一方面他又想隐居，最终却在无奈地隐居中品尝着无以复加的精神痛苦。他的人生悲剧是历来徘徊在仕与隐之间的知识分子内心苦闷的典型表现。

4

这样看来，陈子昂在官场上似乎真的没什么作为。但是在《唐书》中却有着对陈子昂的形象不一样的记载。大意是说，武则天执政时发生了一桩谋杀案，被谋杀的是御史大夫赵师韫。赵师韫是怎么死的呢？据说是死于一家驿站，凶手是同州下邽人徐元庆。当时徐的身份是该驿站里的工作人员。一个小小的驿站工作人员杀死了朝廷命官，且这个官员的官职还不小，这还不惊动朝野？

但是，问题出来了，徐元庆为什么要杀害朝廷要员呢？原来，徐元庆是为父报仇。赵师韫曾任下邽县尉，徐元庆的父亲因犯罪被赵师韫正法。后来，赵师韫升任京官。徐元庆为报杀父之仇，隐姓埋名于一家驿站，这里是唯一可以接近赵师韫的。

赵师韫为公事出差来到了徐元庆所在的驿站，徐元庆抓住机会干掉了赵师韫，报了杀父之仇。杀死赵师韫后，徐元庆到官府自首。

杀人者偿命，但这个案件没有这么简单：主要是徐元庆杀了人并没有逃走，他选择的是自首。于是，徐元庆杀人一案便有了很大的争执。当时普遍的观点是：徐元庆应该予以无罪释放。

就在这个案件将以徐元庆无罪释放而结案时，陈子昂瞅准时机跳出来说话了，他在《复仇议》中阐明了自己的观点。

今倮义元庆之节，废国之刑，将为后图，政必多难；则元庆之罪，不可废也。何者？人必有子，子必有亲，亲亲相雠，其乱谁救？故圣人作始，必图其终，非一朝一夕之故，所以全其政也。故曰："信人之义，其政不行。"且夫以私义而害公法，仁者不为；以公法而徇私节，王道不设。元庆之所以仁高振古，义伏当时，以其能忘生而及于德也。今若释元庆之罪以利其生，是夺其德而亏其义；非所谓杀身成仁，全死无生之节也。如臣等所见，谓宜正国之法，置之以刑，然后旌其闾墓，嘉其徽烈，可使天下直道而行。

这段话体现了陈子昂对当时唐朝的"礼"与"法"的独特见解。他认为，只有判处死刑才能体现法律的严肃性。但是法也要讲究人情，如何有机地做到这两点呢？陈子昂给出的解决办法是：按照唐朝律法处死徐元庆，以显示律法的公正无私；处死徐元庆后，对他的孝心加以表彰。

陈子昂的这个建议得到了朝廷的采纳，这个案子就按陈子昂说的办。陈子昂扬扬得意，甚至要求有必要将他的《复仇议》"编之于令，永为国典"。这可能是陈子昂为官时办得最漂亮的一件事了。

谁承想到在几十年后，他这篇自鸣得意之作被柳宗元否决了。柳宗元为什么要否决《复仇议》呢？柳宗元认为陈子昂逻辑混乱，一派胡言。柳宗元分析说，徐元庆的父亲犯了法，当时被县尉赵师韫正法是罪有应得，做父亲的因为犯了法而被处死，做儿子的就因此去报仇，谋杀朝廷命官就是十恶不赦的大罪，判死罪这是无可非议的，这是律法所规定的。反之，如果徐元庆的父亲是屈死的，那就说明赵师韫草菅人命,这样的坏蛋被徐元庆杀掉是他罪有应得。那么,徐元庆的行为也就是为国除害,徐元庆就不应该被判死罪,而且还有功劳。徐元庆要么有罪,要么无罪,二者只能居其一,绝对不能像陈子昂所说的既有罪又无罪。

简言之,柳宗元认为陈子昂的分析看似滴水不漏,实则错漏百出,全无逻辑可言。其本质是核心价值观念的多元论,陈子昂的建议不过是扰乱人心,让人无所依从罢了。

陈子昂的价值理论跟"白马非马"是差不多的。其实,仔细想来,柳宗元的分析是很到位的。为此,他还专门写了一篇《驳复仇议》的文章,并被作为定论收入在了唐朝的法律文献内。

如今,我们对陈子昂的记忆大都源自于他那首名篇《登幽州台

《雕台望云图》,宋,马远(传)

歌》。尤其是那一句"前无古人,后无来者",不知让多少人竞折腰。难怪元好问有如本文开头那样高度称赞他了。

其实,陈子昂的文学造诣是很高的。比如他对诗歌的改革,同朝的卢藏用在《陈伯玉文集序》里,说陈子昂"横制颓波,天下翕然质文一变"。宋朝的刘克庄在《后村诗话》说:"唐初王、杨、沈、宋擅名,然不脱齐梁之体,独陈拾遗首倡高雅冲淡之音,一扫六代之纤弱,趋于黄初、建安矣。"这些评价都赞誉陈子昂作为唐诗革新先驱者的巨大贡献。

4. 焚香独坐心向佛,再难见你谈笑风生
—— 王维

王维(701—761 或 699—761),山西运城人,祖籍山西祁县,唐朝著名诗人、画家,字摩诘,号摩诘居士。历官右拾遗、监察御史、河西节度使判官等。安禄山攻陷长安时,被迫受伪职。长安收复后,被责授太子中允。唐肃宗乾元年间任尚书右丞,故世称"王右丞"。

王维参禅悟理,学庄信道,精通诗、书、画、音乐等,其诗多咏山水田园,与孟浩然合称"王孟",有"诗佛"之称。著作有《王右丞集》《画学秘诀》等。

1

王维的诗总能给人以空灵之感。比如那首《鹿柴》:"空山不见人,但闻人语响。返景入深林,复照青苔上。"

在王维隐居的辋川有一个叫鹿柴的地方,这首诗描绘的就是鹿

砦附近空山深林傍晚时分的幽静景象。宋代刘辰翁评价道:"无言而有画意。"(《唐诗品汇·卷三十九》),清代沈德潜则说:"佳处不在语言,与陶公'采菊东篱下,悠然见南山'同。"(《唐诗别裁·卷十九》)言下之意,王维的这首诗有陶渊明的空灵与隐逸。苏轼更是隐藏不住对这首诗的喜爱,直言不讳地说:"味摩诘之诗,诗中有画;观摩诘之画,画中有诗。"(《东坡题跋·书摩诘·蓝关烟雨图》)此番评价,成为后世盛行之版本。

王维画作(传)《辋川图》

不要以为王维只是在诗作上让人敬仰，他的名字同样很有来头。佛教中有一部叫《维摩诘经》的书，书中内容大多是关于维摩诘向弟子们讲学的记录。

按照佛教中的说法，维摩诘意译为洁净、没有污染之人。王维呢？他字摩诘，名、字合在一起即维摩诘。

王维出生在一个虔诚的佛教徒的家里。这一点他自己承认了："亡母故博陵县君崔氏，师事大照禅师三十余年，褐衣蔬食，持戒安禅，乐住山林，志求寂静。"（王维·《请施庄为寺表》）而"乐住山林，志求寂静"，一个早已表明心迹的王维，其性格与命运的走向是否冥冥中有了注定呢？根据《王右丞集注》中的说法，"维十年座下"（《大荐福寺大德道光禅师塔铭》），王维用"十年"的时间，用一颗"座下"的心与佛家结下了不浅的因缘。

王维沉浸在僧侣般的生活里，并不是要求一个诗佛的美名，而是确实以之为乐。《旧唐书》早有记载："在京师，长斋，不衣文绮伏受教，欲以毫末度量虚空，无有是处，志其舍利所在而已……饭十数名僧，以玄谈为乐，斋中无所有，惟茶铛药臼，经案绳床而已。退朝之后，焚香独坐，以禅颂为事。"（《旧唐书·王维传》）

2

王维的籍贯地历来存在着争议。

《旧唐书》说王维是太原祁人，他的父亲王处廉曾做过汾州的司马。不过，史料中很难找到关于王处廉的记载，王维也没有在诗文中

辋川十景图,明,仇英

提到过。王维父亲的资料,我们所能知道的很少。某年,王处廉把家迁到了蒲州,之后娶了博陵望族崔氏。蒲州在唐玄宗天宝元年(742)改名河东郡,乾元三年(760)升为河中府,因此蒲州也叫河东、河中或者河东郡。这么一来,王维"自然"就是河东人了。

而唐代张彦远在其画史著作《历代名画记》里则说王维是太原人,还有人说王维是京兆人或者琅琊人。

为什么会出现这样的情况呢?因为籍贯对王维来说太重要了。

大家可能觉得这是不是有点过了,不就是个出生地嘛!何至于如此。我们不妨来看《隋唐嘉话》中的相关记载:"(唐高宗时)薛中书元超谓所亲曰:'吾不才,富贵过分,然平生有三恨:始不以进士擢第,不得娶五姓女,不得修国史。'"薛元超是唐高宗时期的一名宰相,享尽人间富贵,但他却说自己这辈子有三件事让他一直耿耿于怀:一是没有进士及第;二是没能娶五姓女;三是没有机会修国史。

薛元超已经位极人臣,他还有什么不满意的呢?没有进士及第和没有机会修国史这两件事只要自己努力一下,应该是可以实现的。不过,第三件事就很麻烦了。薛元超提到的"五姓"(李、王、郑、卢、崔氏),都是那时非常有影响力的望族。他们自恃身份高贵、血统纯正,连对皇帝的女儿也没有太大的兴趣。唐文宗嫁女儿的时候就有一件事让他既郁闷又愤怒——他女儿可是皇室血统,这帮"五姓"望族居然你推我,我推你,表现得很是谦让。唐文宗心里也明白:你们

这帮望族不就是不愿意娶我的女儿吗？唐文宗说："我们李家当了几百年的天子，难道还比不上崔、卢这些家族吗？"

这事的影响力也是巨大的。"五姓"望族连皇帝的女儿都瞧不上，何况一个宰相？这也难怪薛元超心有遗憾，难以释怀了。但唐朝皇室李家也是属于这"五姓"之列，为什么还得不到这帮士族的认可呢？

真相是这样的：这"五姓"并不是说凡归于其中的就一定具备尊贵的资格。只有清河或博陵的崔氏、范阳的卢氏、赵郡或陇西的李氏、荥阳的郑氏、太原的王氏才是正统的。虽然唐朝皇帝号称自己是陇西的李氏，但他们并没有得到所有人的认可。

哪些人认为大唐李氏并非正统李氏呢？崤山以东的士族。他们认为大唐李氏的血统不正，值得怀疑。在他们心里一直存有一个解不开的疙瘩——他们从心里看不起"来历不纯"的大唐李氏。

如果王维是河东人或京兆人、琅琊人，又或者是太原王氏的分支，那就说明王维不是正统。王维不是正统，这个名垂千古的才子就可能要"大打折扣"了。这或许就是大家对王维籍贯产生争议的主要原因吧！

王维到底是哪里人氏呢？目前我们也只能姑且认为是博陵崔氏人了，毕竟史书上都明确说了王维的母亲是博陵的崔氏。而且，当时这"五姓"大多采取的是内部通婚，这或许也能从侧面证明王维的血统是正统的。

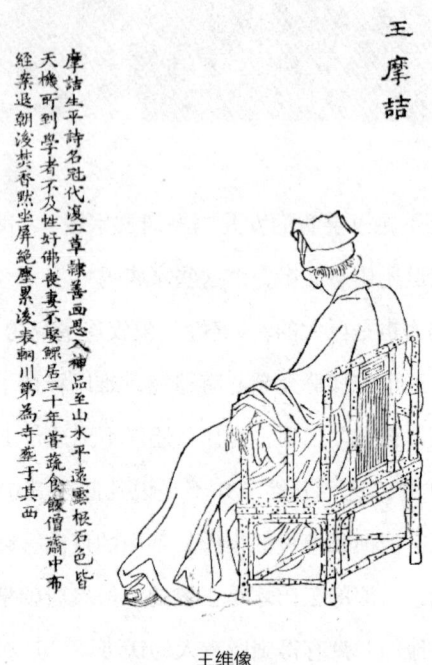

王摩詰

摩詰生平詩名冠代，兼工草隸，善畫，思入神品。至山水平遠，雲勢石色，皆天機所到，學者不及也。性好佛，晚年不葷，居藍田三十年，常蔬食，齋僧齋中。布經素，退朝後，焚香默坐，屏絕塵累。後表輞川第為寺，葬于其西。

王维像

出生名门望族，自然能比其他的读书人要幸运得多。像柳宗元就占了不少"先天优势"，他的仕途一开始就很顺利。王维也是如此，所以他能受到良好又系统的教育。当然，如果王维是一个草包，就算有这些优势，那也是不能成名的。《新唐书·文艺传》说王维是一个天才，"九岁知属辞"，也就是说王维在九岁的时候就能够写文章了。

家世不错，自己又天资聪慧，王维当然不会满足于成名乡里，他的志向更为远大。

在十四五岁的时候，王维离开家乡来到京城长安，与上层人士接触频繁。薛用弱在《集异记》里记载："王维右丞，年未弱冠，文章得名。性娴音律，妙能琵琶，游历诸贵之间，尤为岐王之所眷重。"

什么意思呢？王维在年少的时候就因为文章而出名了，且精通音律，弹得一手好琵琶。如此才华横溢，使得王维经常能在皇族诸王家里表演，尤其得到了岐王的眷顾与看重。

那薛用弱的说法可信吗？应该是可信的。王维自己也承认了。

开元六年（718），王维在长安游历，随岐王在九成宫避暑，写下《敕借岐王九成宫避暑应教》；开元八年（720），岐王与王维等人同游杨氏别业，王维受命写下《从岐王过杨氏别业应教》；也是在开元八年（720），王维被邀请参加岐王消夏夜宴，写下《从岐王夜宴卫家山池应教》。

……

京城乃繁华、高贵之地，高端聚会里时常有王维的身影，与杜甫长安漂泊十年相比，他是何等的幸运啊！虽然也有想家的时候，也曾写下"独在异乡为异客，每逢佳节倍思亲"的千古佳句，但与前途在望相比，短暂的落寞也就无足轻重了！能在京城结识众多上流社会的知名人士，就能为今后在科举考试中的胜出奠定良好的基础。21岁那年，王维考中了状元。

年少的王维初来京城就受到达官贵人的青睐，心情自然是畅快无比，难怪要写诗以表心情了："相逢意气为君饮，系马高楼垂柳边。"（王维·《少年行》）

3

那王维会因为春风得意而忘记了自己的做人准则吗？当时，唐玄宗的长兄宁王李宪，因把原本属于自己的太子之位让给了唐玄宗，在唐宪宗即位后蛮横跋扈，曾抢掠了一位卖烧饼的美妇。

这事在孟棨的《本事诗》中有详细记载："宁王宪贵盛，宠妓数十人，皆绝艺上色。宅左有卖饼者妻，纤白明晰，王一见属目，厚遗其夫，取之，宠惜逾等。环岁，因问之：'汝复忆饼师否？'默然不对。王召饼师，使见之，其妻注视，双泪垂颊，若不胜情。时王座客十余人，皆当时文士，无不凄异。"

宁王李宪看上了府邸左邻卖饼家的妻子，随便给了一些钱给美妇的丈夫，然后就把她带回家，占为己有了。过了一年，宁王把美妇的丈夫接到府中，让夫妻二人见面。没想到两人一见面，默然相对时，美妇"双泪垂颊，若不胜情"。当时，在座的除了宁王外，还有王维等十几个文士，看到这场面无不为之感到哀怜。

王维是怎么做的呢？"王命赋诗，王右丞维诗先成：'莫以今时宠，能忘旧日恩。看花满眼泪，不共楚王言。'座客无敢继者。王乃归饼师，以终其志。"（孟棨·《本事诗》）

宁王李宪看到这般情景，兴致一起，认为有景如此，不能无诗。于是，就要大家以此为题材赋诗。王维才思敏捷，岂能难倒他？且王维也想好怎么解救这个苦命的美妇了。就这样，一首名为《息夫人》的诗便写好了："莫以今时宠，能忘旧日恩。看花满眼泪，不共楚王言。"

息夫人是春秋时期息国君主的妻子，楚文王灭掉息国后看到她美艳动人，就将她据为己有。息夫人挺有个性的，虽然为楚王生了两个孩子，但始终默默无言，从来不和楚王说话，这让楚文王很是郁闷。息夫人这样做的目的只有一个——她知道自己不可能逃得出楚王的掌控，唯一能做的就是以沉默来反抗楚王带给她的屈辱。

王维以息夫人为题，借题发挥，其良苦用心昭然若揭。宁王也不是庸碌之辈，当然看出了王维将他比作荒淫无耻的楚王，自然也感到尴尬。为了表示自己的大度，只得将美妇还给了其丈夫。

王维通过一首诗拯救了这个美妇，也足见他内心的善良与慈悲。这与他"佛"的特质有关，也体现了王维做事有原则的一面，不从众，不附和。

不信请看当时在场的其他文人，不仅不施以援手，还借机美化宁王，把宁王说成是信守承诺的善人："当时夫婿轻一诺，金屋茆檐两迢递……厚遗其夫，取之，宠惜逾等。"（孟棨·《本事诗》）将宁王抢占他人之妻冠以"金钱厚待，宠爱有加"的美名，两相对比，自见高下。

王维能在当时的情境下写就《息夫人》一诗，哪怕因此得罪宁王，就比当时在场的文人都要强。

开元九年（721），王维参加进士考试。当时的环境下，读书人不想点法子很难在科举考试中脱颖而出，更何况王维还开恩了宁王李宪。于是，他也想了法子，找到岐王李范，想由此得到一些帮助和照顾。岐王给他指出了一位更厉害的人物，让他去找公主。王维找了哪位公主呢？从王维一首名为《奉和圣制幸玉真公主山庄因题石壁十韵之作应制》的诗作里，我们能大致推断出这个人是玉真公主。

事情的结果如何呢？王维在开元九年（721）考中状元，当时的王维21岁。这一年，他开始正式走向仕途，做的第一个官为太乐丞。太乐署是专管邦国祭祀专用的乐舞，丞是副职。换句话说，王维还是个二把手，属于从八品下。

可惜没过多久，王维就被贬为济州司仓参军。

《新唐书》中对此事有记载:"调大乐丞,坐累为济州司仓参军。"请注意!《新唐书》中仅用了"坐累"二字,至于原因并没有交代。根据现有的史学观点,主要有三种解释:

其一,问题出在一个叫刘知几的人身上。这个人因为写史书得罪当权者,继而连累到他的儿子刘贶。而刘贶当时的官职为太乐令,是王维的上司,自然王维也会因此而受到牵连。

其二,玉真公主养男宠,因霸占王维不成,因而报复。

其三,唐玄宗为了巩固自己的利益,遏制同族兄弟的势力,进而殃及王维。

如果是第一个原因,根据唐朝的律法,"诸同职犯公坐者,长官为一等,通判官为一等,判官为一等,主典为一等,各以所由为首"(《唐律疏议·名例》)。也就是说,如果是属下犯罪,作为他们的主管官员,应受到同样的处罚。我们来看王维的上司刘贶是什么官职,是太乐令。王维呢?太乐丞,如果要惩罚,两个人的处罚就应该是一样的。但是,根据史书的记载:刘贶与王维得到的处罚大不相同。"长子贶,为太乐令,开元九年,犯事配流。"(《旧唐书·刘子玄传》)

这段记载再也明显不过了,刘贶被判的是流放的重刑。王维呢,不过是被贬谪到济州而已,充其量是贬官。由此看来,第一种原因显然不太可能。

再说第二点。首先阐明:是不是因为玉真公主的推荐而让王维高中状元一说还值得商榷。退一步来讲,就算是玉真公主,她因霸占王维不成而报复,这在史书上并无记载,也不见唐代的各种野史有记载。

那么,玉真公主到底是怎样一个人呢?果真是专横跋扈之人吗?

我们可以通过《新唐书》中的相关记载找到佐证："主，惠妃所生，最见宠遇。而钊亦浸显。钊，国忠也。三姊皆美劭，帝呼为姨，封韩、虢、秦三国，为夫人，出入宫掖，恩宠声焰震天下。每命妇入班，持盈公主等皆让不敢就位。"（《新唐书》卷七十六《后妃上》）

注意最后一句话："每命妇入班，持盈公主等皆让不敢就位。"持盈公主就是玉真公主，是唐玄宗的亲妹妹，且很受唐玄宗的看重，面对被封为"韩、虢、秦三国"的夫人们，她居然"不敢就位"。这说明玉真公主的性格比较温和，或者说比较懂得隐忍。

那么，这样一位公主会因为得不到王维而动怒吗？显然，这一点同样值得商榷。然而有一点始终让人觉得很奇怪：王维从济州到长安后，为了仕途需要，他完全可以再去找岐王、玉真公主啊！可他没有这样做，而是通过张九龄重新进入仕途。难道王维跟玉真公主真的闹僵了吗？如果说这时候的岐王威风和势力大不如前，那玉真公主的地位是没有任何问题的。难道玉真公主有什么难言之隐？此时已不好再为王维说话了？细想下来，这一点的可能性更大。

要回答这个问题，我们就得解析第三点，"玄宗为了巩固自己的利益，遏制同族兄弟的势力，进而殃及王维"。

表面看来，唐玄宗是一个重兄弟情义的帝王，实则未必。唐玄宗能坐上龙椅，是他的兄长让给他的。兄长为什么要让他，主要是因为唐玄宗在铲除韦后的势力这件事上，功劳很大。按照古代的规矩，当时还轮不到唐玄宗继承皇位，最后经过一番推让他才上了位。

深知政治斗争残酷性的唐玄宗打心里是不放心他的兄弟们的。他表面上对自家兄弟很好，为他们建积善坊，让他们享乐其中。说白了，这就是一种软禁，一种变相的监视。

但是，从唐玄宗的个性和为人来看，不对其兄弟下狠手，并不意味着与他们有关联的人不遭殃。

这并不是随意猜测和臆断，也是有史实支持的。唐玄宗坐上龙椅后，就连对给予他很大帮助的太平公主也毫不留情，将她赐死在家中，接着把太平公主的丈夫武攸暨的坟墓也给铲平了。

王维在入仕以前曾与宁王、薛王交往甚密。史书记载："凡诸王驸马豪右贵势之门，无不拂席迎之，宁王、薛王待之如师友。"（《旧唐书·文苑下》）更何况岐王还极力帮助过王维，给王维支招，使他得到玉真公主的青睐，最后高中状元。如此一来，唐玄宗不可能不知道王维这个人。这么一来，王维在入仕后，也很有可能没法避免宫廷的争斗。不管王维愿不愿意，不管这是不是王维所愿所想，史实无法改变。王维最终被贬谪到了济州做司仓参军。

可见，唐玄宗为了巩固自己的利益遏制同族兄弟的势力，进而殃及王维。至于王维后来到长安为什么没有去找岐王和玉真公主，答案也很简单，那时岐王和玉真公主也因为唐玄宗的缘故，真的不能"节外生枝"了。

4

王维不得不离开京城，来到济州任司仓参军。

济州在今山东茌平西南，在当时就是一个远离京城的小地方。王维从长安出发到济州，先是到了洛阳。到了洛阳后，跟家人稍作团聚，接着又从洛阳东进到郑州。此时已经是夜晚了，王维在武牢住了

王维幽居诗意图

下来,写下《宿郑州》一诗:"此去欲何言,穷边食微禄。"这一去,我王维没什么好说的,就是到一个边远穷困的地方做一个芝麻小官,领点微薄的收入,言语之中透露出王维心中的苦闷和失意。

一路上,陪伴王维的只有一个小僮仆。途中又连遇"秋霖晦平陆"的阴雨天气。此情此景让人更加失落,也难怪王维要说"他乡绝俦侣,孤客亲僮仆"(王维·《宿郑州》)了。

根据常识推测,王维到达济州应该是在八月底或者九月初。

这一待就是四年多。在此期间,王维写有一首诗:"微官易得罪,谪去济川阴……纵有归来日,多愁年鬓侵。"(王维·《初出济州别城中故人》)

这首诗的最后两句让人体味:"纵有归来日,多愁年鬓侵。"意思是说,就算是有朝一日回到京城了,也会因为多年愁闷而白鬓斑斑,足见王维的心情有多颓丧了。

苦闷至极的王维在四年后辞去了司法参军一职,然后离开济州,在淇上过起了隐居的生活。两年后王维回到了长安,也是闲居了很长时间。

难道王维就这样闲居后半生吗?他还能东山再起吗?

5

王维在《终南别业》一诗中有这样两句:"中岁颇好道,晚家南山陲。"意思是说他中晚年以后的生活很平静,隐含的就是说,他青年时期的生活不平静。这也从另一个角度证明了王维在被贬为济州司仓参军后的生活状况。

王维心里肯定是不甘的,他对仕途还抱有强烈的愿望。

我们来看王维在这被贬期间的一些所作所为:开元十三年(725),裴耀卿担任济州的刺史,史书评价其人"远财劲奸",是一个勤政为民的好官。他也是河东人氏,给予了王维不少照顾,王维苦闷的心情也因此得到慰藉。

现存的史料很难找到王维在济州期间到底有哪些政绩。我们只能从他写的一篇名为《裴仆射济州遗爱碑》的碑文里找到一丝答案。

在碑文中,王维记述了裴氏在济州的政绩,也对裴耀卿带领济州百姓浚河修堤,关心百姓疾苦的事情进行了叙述。王维说裴耀卿这个人没有官架子,总是走在老百姓前面,亲临现场指挥浚河修堤。裴耀卿在接到朝廷新的任命后因担心影响到老百姓的积极情绪,采取了不宣布任命诏书的策略,继续带领着老百姓修堤,等工程竣工后才离开济州走马上任。

王维所写《裴仆射济州遗爱碑》既颂扬了裴耀卿,也从另一方面反映了王维爱护百姓,关心民众生活。对洪水冲去堤坝,以及对当地百姓在刺史裴耀卿的带领下夜以继日抗洪救灾的场面,碑文中王维均用了很动情的手法加以描绘,让人看了无不动情。如"洪水滔天……高岸辜以云断,平郊豁其地裂。喷薄雷吼,冲融天回……五稼波殄,沼毛荒于畎亩";又如"御衣假寐,对案辍食,不候驾而星迈,不入

王维《雪溪图》(传)

门而雨行";再如"公暴露其上,为人请命……未足加也……搴长茭,土篑云积,金锤电散,公亲巡而抚之,慰而勉之"。

王维的这篇碑文绝不只是颂扬而已,可以看出他也是大力协助了裴耀卿在济州的治理工作,并与老百姓打成一片,否则他不可能写出如此真实又动情的作品来。

可惜裴耀卿上任没多久,很快又接到朝廷的任命,到宣州任刺史。裴耀卿的离去使王维倍感惋惜,王维似乎失去了精神甚至是物质上的依靠。开元十四年(726),王维辞去司法参军之职,离开济州。王维离开济州后在淇上住了两年,过上了一小段隐居、闲适的生活。到了开元十七年(729),王维去了长安。重回京城,此时的王维可能也是感觉到仕途没什么指望了,就到大荐福寺道光禅师处学习佛教顿悟学说。

6

开元十三年(725),唐玄宗因封禅泰山一事而大赦天下,王维也在被赦之列,有了重新入仕的机会。

张九龄是开元时期的名相,他执政后一心为国为民。开元二十二年(733)张九龄为中书令,王维写了一首名为《上张令公》的诗作,"贾生非不遇,汲黯自堪疏。学易思求我,言诗或起予。当从大夫后,何惜隶人馀。"

这首诗收到效果了吗?答案是肯定的。

到了第二年(734),王维被张九龄推荐为右拾遗。右拾遗虽然只是一个从八品的小官，却能够经常见到皇上，属于近臣，可以直接向皇上进谏，也可以直接向皇帝推荐贤良。此时的王维大约35岁。

为了感谢张九龄，他写了一首《献始兴公》：

宁栖野树林，宁饮涧水流。不用坐梁肉，崎岖见王侯。鄙哉匹夫节，布褐将白头。任智诚则短，守任固其优。侧闻大君子，安问党与雠。所不卖公器，动为苍生谋。贱子跪自陈，可为帐下不。感激有公议，曲私非所求。

在诗中，王维开门见山地表示：那些隐居山野的文人逸士都是鄙陋之人，他们的特点就是见识太短，所谓的气节不过是"匹夫"之见而已，不是大丈夫所为。紧接着，他笔锋一转，对张九龄反对植党营私和滥施爵赏的政治主张进行大肆颂扬，说他是为天下苍生谋福利，是国家之大幸，值得天下人景仰。

诗中能颂扬张九龄的话王维都说到极致了。最后王维用了一个"跪自陈"，说自己十分佩服张九龄的品行及人格，表达了自己欲在张九龄的帐下做幕僚，愿意为朝廷排忧解难的意愿。

王维从此是否就顺风顺水，官运亨通了呢？毕竟，他现在有张九龄这样厉害的人物坐镇朝中。

只是张九龄这个人的手腕不高，斗不过像李林甫这样的官场高手，开元二十四年（736），张九龄被罢相。

张九龄被罢相一事，令王维非常沮丧，还写了一首名为《寄荆州张丞相》的诗，其中"举世无相识，终身思旧恩"一句，可看出王维心情低落、伤心，甚至无望到了极点。他说："当今世上再也没有像张九龄这样的知音贵人了，其恩情只能牢牢记在心里！"

王维为什么要说"举世无相识"呢？除了上述原因，还有一点就是王维曾经依托和熟识的岐王、薛王已相继去世，他感到了人世的变化无常与残酷，他没有了可依赖、可帮助、可提携的知音了。

开元二十九年（741），好友孟浩然去世，王维在路经襄阳的时候失声痛哭："故人不可见，汉水日东流。借问襄阳老，江山空蔡州。"（王维·《哭孟浩然》）曾经的好友啊！你已经不在人世，我王维来到襄阳只看见汉水日夜不停地流淌着，因为你的逝去，让蔡州城都失去了存在的意义。

之后王维的官运一直不上不下，任的都是左补阙、库部郎中这样的闲职。直到天宝年间，王维才逐渐升迁，官至给事中。

王维对官场感到厌倦和担心，却又割舍不得。就这样，他随俗浮沉，过着半官半隐的生活。

7

就在王维沉浸于半官半隐的生活时，一件惊天大事打破了这份宁静——安史之乱爆发了，这改变了很多人的命运，诗人也是其中之一。

此时的王维为给事中，属于正五品上。由于安史之乱事发突然，王维没能跟随玄宗西逃，不幸被叛军抓了起来。

等待王维的又是什么呢？他的命运又将走向何处？

安禄山自攻破长安定都洛阳后，就开始到处搜寻唐玄宗的旧臣，逼迫他们做官。

王维在当时的文坛声名颇大，没能逃脱安禄山的"魔爪"，被强行弄出来做官。

王维不愿接受安禄山的授职，但又不能公然拒绝。他想了一个招：服药称痢，装聋作哑，试图以此摆脱安禄山的纠缠。这岂能瞒过狡猾的安禄山？安禄山可不管你有病没病，他看上你了，你就得出来做官。就这样，安禄山强行授给王维给事中。此时的王维还想以身体不好为由拒绝上任，安禄山索性就把他囚禁在菩提寺中。

没过多久，安禄山为了庆功，在长安西内苑重天门北的凝碧池大宴群臣。酒宴上自然少不了歌舞曲艺之类的表演。安禄山将唐玄宗的梨园弟子，全部弄来奏乐助兴，大概有百余名。这帮梨园弟子哪有心情去演奏？趁着演奏的时候将乐器全部摔碎，并向着西京的方向恸哭不已。

安禄山正在兴头上，没想到这帮人像哭死人一般，气得不行。更让他气愤的是，当时很著名的乐师雷海青居然也当着他的面将乐器摔得粉碎。安禄山顿时暴跳如雷，将雷海青绑在试马殿前的殿柱上，处以凌迟之刑。

裴迪是王维的好友，也是一位著名的诗人。他将雷海青被害之事告诉了囚禁在菩提寺中的王维。王维听后大受感动，而后痛苦万分，就写了一首《凝碧池》以表心情：

万户伤心生野烟，百官何日再朝天？秋槐叶落空宫里，凝碧池头奏管弦。

王维这首诗的原名《菩提寺禁裴迪来相看说逆贼等凝碧池上作乐乐供奉人等举声便一时泪下私成口号诵示裴迪》，超级长的标题，如同王维的心绪：你看！现在是老百姓因受到战火之灾而伤心不已，百官要什么时候才能再见到天子呢？看那宫殿中的秋槐，树叶悄然飘落，此情此景是如此让人触景伤怀。可是啊！我们听到的却是凝碧池旁叛贼们欢呼胜利的管弦。

《江雪霁干图卷》（局部），王维（传）

这首诗表达了王维在面对大唐衰落时悲愤交加的情怀，以及王维对安禄山叛乱的不认同。一句话，安禄山是乱臣贼子，名不正言不顺。

王维做不到像雷海青那样公然与安禄山唱反调，也不敢公然说自己对大唐王朝的忠心，甚至也不敢拒绝安禄山给他的那个职位。内心的负疚感就像一块块大石头重重地压住他。

怎么办呢？矛盾又伤痛不已的王维想到了躲避，他想到了佛的世界，可以远离这世上的险恶，远离那些是是非非。

安得舍尘网，拂衣辞世喧。悠然策藜杖，归向桃花源。（王维·《菩提寺禁口号又示裴迪》）

王维要归向桃花源，原因很简单，他只是害怕现实世界的是是非非，甚至不敢在这是是非非中展现出文人大义凛然的气节。

王维的无奈与痛苦无处发泄，只能写诗聊以自慰。王维内心虽有大唐，可他为了自保，只能表现出没有任何作为，默默接受安禄山给他的安排。

王维的这些言行，在当时甚至是后来，都遭受到很多人的谴责。在宋朝的时候，更流行一种观点，认为王维人品有问题，如朱熹曾说王维"词虽清雅，亦萎弱少气骨"。

至德二年（757）十月，东都洛阳被收复。太子李亨即位，史称唐肃宗，为了惩治在安禄山叛乱中投降的官员，唐肃宗开始大检查，王维自然在投降官员的名单中。

王维与郑虔等人被囚禁在宣阳里杨国忠旧宅里。

8

王维这次翻不了身了？

唐肃宗返回长安后，王维依然被严惩，面临着被流放的厄运。好在王维曾为雷海青写过《凝碧池》一诗，再加上他的弟弟王缙在安史之乱中颇有功劳，当时为刑部侍郎。看到哥哥就要遭此厄运，弟弟自然不能袖手旁观。王缙愿意以刑部侍郎一职为兄赎罪，唐肃宗才决定赦免王维，贬王维为太子中允。之后的数年，王维陆续任职太子中庶子、中书舍人、给事中以及尚书右丞。

王维深知自己之所以没有被流放，还能继续做官，与弟弟用官职交换是分不开的。他时常陷入自责之中。

王维在此期间的一些文章，无一不透露出深深的自责之感。比如，"臣闻食君之禄，死君之难。当逆胡干纪……臣进不得从行，退不能自杀，情虽可察，罪不容诛……陷身凶房，尚沐官荣，陈力兴王，将何宠异"（《谢除太子中允表》），可见王维对自己当年不能以死表忠义而饱受心灵折磨，他无法原谅自己，只能入佛修心，以示罪过；又如"况臣夙有诚愿，伏愿陛下中兴，逆贼殄灭，臣即出家修道，极其精勤，庶裨万一"（《谢除太子中允表》），"而弟远守方州，外愧妨贤，内惭比义，痛心疾首，以日为年。臣又逼近悬车，朝暮入地，阒然孤独，迥无子孙。弟之与臣，更相为命……伏乞尽削臣官，放归田里，赐弟散职，令在朝廷。臣当苦行斋心，弟自竭诚尽节，并愿肝脑涂地，陨越为期"（《责躬荐弟表》）。显然，王维对弟弟王缙因自己而降职之事一直耿耿于怀，于是就上表朝廷，自述己短，希望朝廷调回王缙，而自己也从此进入佛门。

王维确实在无时无刻反省自己，心灵负罪感也一直让王维痛在心中。《责躬荐弟表》写出后没多久，王缙就回到京都，任职左散骑常侍。王维也从这个时候完全皈依了佛门。从《责躬荐弟表》中我们可以得到两个重要信息：一是王维为弟弟请调回京，因为弟弟是因自己而远任巴蜀的；二是王维迫切需要在佛的世界里祈福消灾，在佛的道义与力量里消除心灵的伤痛。

不断上升的官职，并没有让王维沾沾自喜，反而更让他陷入深深的自责之中。唯有专注于佛学，才能让心灵找到栖息之地，获得慰藉。王维曾在《叹白发》里毫无隐晦地说："一生几许伤心事，不向空门何处销。"

王维的"伤心事"就是心灵上的伤痛无法得到释怀。晚年的王维只有沉迷到佛学中去，用佛门"一切皆空"的思想宽慰自己。

晚年的王维"在京师……日饭十数名僧，以玄谈为乐。斋中无所有，惟茶铛药臼经案绳床而已。退朝之后，焚香独坐，以禅诵为事"。（《旧唐书·王维传》）

9

纵观王维的一生，与佛有着剪不断的因缘。

王维有很多作品都有着"佛"的特质，其具体表现就是"以佛心观物，用佛语述说，以达于佛境"。在王维看来，只有一切皆为虚无，才能忘记烦恼痛苦。"居常蔬食，不茹荤血；晚年长斋，不衣文彩"（《旧唐书·王维传》），王维信佛后只吃蔬菜，不食肉类，只穿朴素

《伏生授经图》，王维（传）

的衣服，不穿华丽服装。"妻亡不再娶，三十年孤居一室，屏绝尘累"（《旧唐书·王维传》），妻子亡故后，王维未再娶，30年独处一室，与尘世隔绝。由此可见，王维在生活中不仅以佛的要求律己，还摒弃了物质的需求和欲望。

王维信奉过南禅宗和北禅宗。南禅宗要求信奉者做到"心中本无物，何处惹尘埃"，北禅宗要求信奉者做到"时时勤拂拭，勿使惹尘埃"，共同点都是要做到心中无物。前者是心中无物，无须修炼，本身即佛；后者是心中有物，要修炼到心中无物的境界。

心中无物是看待世间万物的一种态度。对此，王维在《过香积寺》一诗中写道："不知香积寺，数里入云峰。"香积寺是真实存在的，大致在河南汝州，现在称之为风穴寺。你看，明明香积寺是存在的，可王维却要说"不知香积寺"。

"暮持筇竹杖,相待虎谿头。催客闻山响,归房逐水流。野花丛发好,谷鸟一声幽。夜坐空林寂,松风直似秋",王维这首《过感化寺昙兴上人山院》,描写的是王维夜坐山林时的所看、所想、所感。你看,既有水流的声音、野花、鸟鸣,还有松风,可王维却要说"夜坐空林寂"。"空林",就是山林里什么都没有;"寂"就是山林里没有声响。在王维的眼里,这些东西虽然都存在,但是,他是以"心中无物"的心态去审视的。简而言之,有就是无。我眼睛是看见了,身体是感受到了,但我心的评判是"不知"、是"空林",它们都是"不存在的"。正所谓,以佛心体悟万物,一切都是虚无。

这就是王维心灵所期望的高度啊!

王维《竹里馆》诗意图

我们仿佛透过时光的罅隙，看到王维经常一个人独处静室，或者独对山林。他要以此修炼自己，把自己放置到一个没有尘世俗扰的环境里。这么一来，吃素食、穿素衣、独坐、独感就成为他剩余人生的主要内容。而他的诗作，则正好记录并反映了他持静沉思的生活及感悟。

10

如果不是安史之乱，王维的人生将更加平静。

性格决定命运，命运与性格紧紧相连。在安史之乱中面对安禄山的强加安排，他没有做出积极的反抗；后来，当他的所作所为被世人唾弃时，他也未能积极地以"现实的方式"重塑人生，而是选择一条"出世"之路，最终将他的才情在佛心中发挥得淋漓尽致。

而这或许也正是王维的诗歌能并驾于李白和杜甫的原因所在，因为王维的诗是禅宗意境的完美表述。佛安抚了王维那颗懦弱柔脆的心灵，也因为佛，王维终成"诗佛"美誉。

只是，年轻时岐王宅里的那个谈笑风生、意气风发的王维留在后人心中的痕迹也越来越淡，甚至几近于无了。

5. 仗剑天涯，我有我的处世法则
——李白

李白（701—762），字太白，号青莲居士，又号谪仙人，世称诗仙，唐朝著名诗人。思想融合儒、道、游侠、纵横家之学说，而以儒、道为主。由于经历丰富，对当时的社会、政治有较深的认识。安史之乱时，曾为永王幕僚。

李白的诗大多以描写山水和抒发内心的情感为主，诗风雄奇豪放，笔法变化多端，语言流转自然。其代表作有《望庐山瀑布》《蜀道难》《行路难》《梦游天姥吟留别》《将进酒》等诗篇，另有《李太白集》传世。

1

李白是哪里人？是陇西人还是四川人？这是个向来有争议的话题。之所以会有李白是四川人之说，可能是因为他在5岁到25岁生活在四川。

但是5岁之前呢？他又在哪里生活？李白在25岁时便离开了四川，之后就再也没有回去过。所以，难点还在于5岁之前的那段时间，李白在哪里？对此，历史上有很多学者做过分析。比如民国时期的学者陈寅恪，他考证李白乃"胡人"也。这样说来，李白就不是四川人了？

为了探讨真相，我们还得把时间拉回到唐朝，看看当时有没有什么历史记载。

先来看李白本人的记载。他在《赠张相镐》中说："本家陇西人，先为汉边将。"在《与韩荆州书》中也说："白，陇西布衣，流落楚汉。"

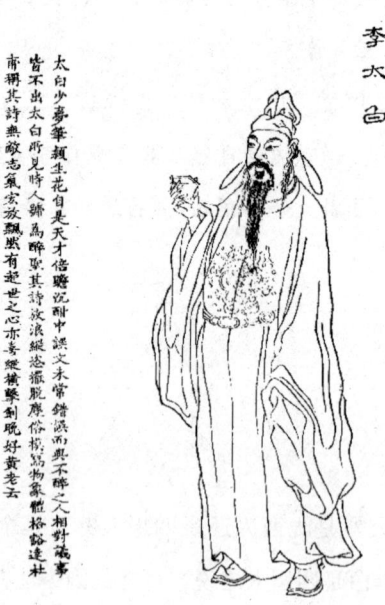

李白像

再来看关于李白的著作。李白去世后,魏颢和李阳冰把李白的作品收编成集,他们在集子的序《李翰林集序》里提到"白本陇西"。

再来看李白的墓志。李白去世后,与李白有通家之好的范传正给他写了墓志——《赠左拾遗翰林学士李公新墓碑》。李白的墓原葬于当涂县南十里之龙山东麓,后由于墓碑"断仆零落,仅存方尺许",当时兼权太平州事节制军马孟点"乃重书刻石,立之墓左"。范传正撰写了碑文,记述了李白墓由龙山迁葬青山的原委及经过,记载了李白的出生地、家世、晚年及其身后的境况。碑文中明确提到:"公名白,字太白,其先陇西成纪人。"

关于李白的身世之说还有很多说法。说他是山东人,是外国人,是商人的儿子……种种说法不一而足,但目前仍无定论。

说到这里,李白身上的另一个未解之谜又出来了。作为大唐第一才子,李白"五岁诵六甲",才华横溢,但却为何终生未曾参加科举考试呢?这不免让人匪夷所思。古代文人读书为的不就是功名利禄吗?到了李白这里,为什么这一观念好像就行不通了呢?

唐朝时,科举考试已经是读书人走入仕途的重要途径。如诗人孟郊,为了考进士倾家荡产,把家具都典当了,直到46岁那年方才考上了进士,为此他还作了流传千古的《登科后》:

昔日龌龊不足夸,今朝放荡思无涯。春风得意马蹄疾,一日看尽长安花。

到底是什么原因使得孟郊,或者说大唐的文人,如此热衷于科举考试呢?原因很简单,没有后台撑腰,没有家财万贯,想要登入殿堂,想要功名利禄,唯一的路就是科举考试了。在唐代,一个人考上进士之后,又能做翰林学士的话,就有很大的希望做宰相。

如此诱人的官位,谁看了不眼红?

但李白为什么却一直没有去参加科举考试呢?有人说他淡泊名利,不屑于去考;有人说他就是一个天才,无须去考!错,这都不是真正的原因。

据考证,李白不去参加科举考试,根本原因是他是被排挤在考生的圈子之外的。为什么这样说呢?这就又回到了前面的问题——李白的身世。在唐代,不是什么人都能参加科举考试的。

在唐代,商人的儿子是不能参加科举考试的,有作奸犯科背景的人也不能参加科举考试。李白的父亲李客是贩运盐铁的商人,还曾"逃归于蜀"或"潜还广汉"。李白正好两条都占了,自然也就失去了参加科举考试的资格了。

对此,李白就真的全然无怨吗?肯定不是。否则,也就不会有后来广为流传的李白戏弄高力士等一些趣闻了。

李白很少提及他的家人,但他的性格是受到其家世影响的。比如,他曾在四川待了那么久,可他自从25岁后就再也没有回去过;又比如,李白去过很多地方,整日游山玩水,几乎走遍天下,说是比肩徐霞客也不为过。李白喜欢四处游走,除了受当时武者当仗剑天涯思想的影响,以及对自由的追求外,很有可能也是不愿意背负太多的重担。

《李白行吟图》,南宋,梁楷

不同于杜甫的家国情怀和忧国忧民，李白的身上，道家思想、战国游侠和魏晋名士的影响都很深，所以他更看重那份不受拘束的自由自在。

就如庄子，老婆死了，他不哭泣不说，反而鼓盆而歌，这并不等于他不伤心，而是他看淡了生死。李白身上道家思想的痕迹同样较浓，你看他很少提及他的家人，似乎不重亲情，这或许并不是他生性冷酷，或许更源于他知道如何给自己减压，所以看得开，活得自在，活得洒脱，活得有滋有味。

2

李白很少提及他的家世，偶尔提及也只是说他的高祖，很少提及他的父亲兄弟。结合前面所述，他的父亲是一个贩卖盐铁的商人，郭沫若也说李白的兄弟曾把长江中上游最重要的码头都垄断了。这个说法也许过于夸张，但至少也可说明李白的家里并不贫穷，且极有可能是真的比较富有的。

不只是家世，仅就李白个人的能力和名气来说，他挣钱的本事也是有的。

当然，名气不是凭空而来的，除了真有才华外，也有人为的因素。当今社会流行炒作，其实这是一种古来有之的老路子了，比如东方朔、司马相如、陈子昂等很多古人就都是炒作的高手，而李白也同样是个中高手。

为了更好地宣传自己，推销自己，很多诗人都会想出一些法子，或是在身世上做文章，或是找名人引荐，或是向达官贵人表明自己的心迹。如孟浩然,为了得到张九龄的赏识,也曾写下名传千古的求职诗:"坐观垂钓者,徒有羡鱼情。"

为了宣扬自己,李白也想了很多办法。

首先,他在很多场合都极为高调地说自己是北凉武昭王李暠九世孙,是皇族后裔,有着高贵的血统。

其次,找名人推荐。开元二十三年(735),李白在长安结识了当时的文坛泰斗贺知章,向他呈上了自己的一些诗篇。贺知章读了《蜀道难》一文后惊为天人,说李白是太白金星下凡,是"谪仙人"。对于"谪仙人"这个称号,李白很是受用,从此自我介绍时或是诗中就不时会用到,如"四明有狂客,风流贺季真。长安一相见,呼我谪仙人"。

为了增加这一称号的可信度,李白还拜当时最著名的道士为师,并与当时的道教名流司马承祯、吴筠、元丹丘、胡紫阳等人交往甚密,慢慢地,贺知章曾钦点他为"谪仙人"一说也就广为流传了。

再者,做好事,宣扬好名声。李白在扬州时,曾一年资助落魄公子三十余万两银子,话说这一做法与当年陈子昂摔琴有异曲同工之妙。用"重磅新闻"引人关注,有了人气,就有了关注度。

有了名气的加持,再加上李白本人也有料,并非庸常之辈,这也就意味着他的作品变成了"聚宝盆"——文人付出文学劳动,同样也要收获相应的回报;更何况当时已经形成了相应的习惯与风气。

就拿唐宋八大家之一的韩愈来说,他曾给武将韩弘写了一篇《平淮西碑》,全篇1505个字,韩愈得绢500匹,相当于铜钱30万贯。对韩愈的高"稿费",刘禹锡在写给他的祭文中也有提到:"公鼎侯碑,志隧表阡,一字之价,辇金如山。"

白居易更厉害,曾一次性拿到六七十万钱的墓文费!身为元稹的

《李白像》，傅抱石

好友，元稹死后，他的家人请白居易写了一篇墓志，遵元稹遗嘱给了白居易六七十万钱作为酬谢。但白居易并没有将这笔钱作为私有，而是捐给了香山寺。

韩愈、白居易的稿费已经如此之高，身为前辈的"超流量一线作家"，李白的文章自然更加抢手了。李白留存下来的文章很多都是"应用文"，或是关于寺庙的，或是应地方官员之邀所写。因此，李白凭借自己的才华挣得稿费并不难，且数目应该不少。有时因稿约不断，李白似乎也会偷个小懒——把同样的诗句用在不同的诗里，比如在写给韩愈父亲韩君的《武昌宰韩君去思颂碑》散文中，李白说韩愈的父亲是"含章可贞，干蛊有立"，这话确实所言不虚、名副其实。但这话不仅见于这篇文章中，同样见于《天长节度使鄂州刺史韦公德政碑》一文中，只是换了一下顺序，变成了"干蛊有立，含章可贞"。不可否认，好的诗句是可以多次利用的，更何况当其出自有才华又有名气的李白笔下时！对此，邀请方或读者的回馈也证实了其可行性——并无异议。

最后我们想说的是，李白虽然家世富有，也有挣钱的本事，但搁不住他轻财好施，花钱更快。对此，他自己也有认识，在《少年行》一诗中，他坦言："赤心用尽为知己，黄金不惜栽桃李。"在《上安州裴长史书》一文中则明确说道："曩昔东游维扬，不逾一年，散金三十余万，有落魄公子，悉皆济之。此则是白之轻财好施也。"那句人人熟知的"千金散尽还复来"，不仅是他洒脱品性的见证，同样也是他出手阔绰、轻财好施的明证。

3

唐朝是个尚武的时代，佩剑是一种时尚，有点身份的人都会佩剑，李白自然也不例外，可以看到很多李白的形象中，都有佩剑；此外，当时剑术也流传很广，很多人都会学习剑术，李白也是其中之一。

受时代的影响，李白除了才华横溢、有诗仙之名外，还喜好喝酒和剑术，集诗仙、酒仙和剑仙"三仙"之名于一身。而"仗剑天涯"，则是李白的另一大重要追求，甚至是他生命中的重要构成部分。

统计《全唐诗》发现，在李白的诗中，不算同类相关词，单"剑"字一个字就出现了107次之多。

"十步杀一人，千里不留行。事了拂衣去，深藏身与名。"为大众熟知的这首《侠客行》就出自李白之手，该诗写于天宝三载（744）。

对行侠或侠客的生活，李白不只是心生向往，也是真正有所行动的。

在《与韩荆州书》一文中，李白说他"十五好剑术"；在《上安州裴长史书》一文中，李白表露出了"仗剑去国，辞亲远游"的志

《太白醉酒图》，清，苏六朋

向；在《结袜子》一诗中，李白有"燕南壮士吴门豪，筑中置铅鱼隐刀"的慨叹；在《赠从兄襄阳少府皓》一诗中，则提到了少年李白"结发未识事，所交尽豪雄""托身白刃里，杀人红尘中"的一些行侠痕迹，可见李白受行侠之风的影响颇深。

看到这里，我们是不是可以断定李白就是一个会武功的侠客呢？还不能！

开元二十四年（736）李白去了山东。山东很多地方是武术之乡，同时也是儒家圣地所在之地。那么，李白为什么要去山东呢？是去游玩，还是拜访儒家圣地？都不是，李白去山东的目的很简单，就是去学习剑术，提高自己的武功。这在《五月东鲁行答汶上翁》一诗中有说明："顾余不及仕，学剑来山东。"

晚唐时期的裴敬拜祭李白墓时，曾写过一篇名为《翰林学士李公墓碑》的祭文，说李白"常心许剑舞。裴将军，予曾叔祖也。尝投书曰：'如白愿出将军门下。'"可见，李白也是愿意驰骋疆场、英勇杀敌的。

由此说来，李白是侠客，会

《挟弹游骑图》，元，赵雍

武功,这个推断还是很有可信度的。至于武功有多高,这个就不好随便下定论了。但身为侠客,李白自然也有侠义之心。

除了一年散金三十余万的故事,在《上安州裴长史书》中,李白也记载了他的另一件侠义之事:

> 又昔与蜀中友人吴指南同游于楚,指南死于洞庭之上,白襢服恸哭,若丧天伦,炎月伏尸,泣尽而继之以血。行路闻者,悉皆伤心;猛虎前临,坚守不动,遂权殡于湖侧,便之金陵。数年来观,筋骨尚在;白雪泣持刃,躬申洗削,裹骨徒步,负之而趋,寝兴携持,无辍身手,遂丐贷营葬于鄂城之东。故乡路遥,魂魄无主,礼以迁窆,式昭朋情,此则是白存交重义也。

李白跟一个四川朋友吴指南到楚地洞庭湖一带游玩时,吴指南不幸身亡。对此,李白非常难过,只能将吴指南掩埋在洞庭湖的湖边。后来李白去了南京,几年后才回来,发现吴指南的尸骨上"筋骨尚在"。他就一边哭,一边用刀把尸骨刮干净,再用布裹起来,背着吴指南的尸骨步行到鄂城之东,将他重新安葬。这是"白存交重义也"。李白的重情重义、侠义心肠,不正是侠客们所彰显的吗?

既然李白具备了做侠客的本事和精神道义,那他仗剑天涯的生活里都发生了些什么呢?

斗鸡是风靡唐朝的一种游戏,有点儿类似于现在的赛马。年轻的李白也曾喜欢斗鸡。在一首名为《叙旧赠江阳宰陆调》的作品里,李白记载了因斗鸡而惹出的一次是非:

> 风流少年时,京洛事游遨。腰间延陵剑,玉带明珠袍。我昔斗鸡徒,连延五陵豪。邀遮相组织,呵吓来煎熬。君开万丛人,鞍马皆辟易。告急清宪台,脱余北门厄。

这段话是说，李白他们一帮少年侠客闲来无事，在京城斗鸡时，与斗鸡之徒起了冲突。危难之际，多亏了当时身为江阳县令的陆调出手，才帮他们解了围，并摆平了这件事。

或许是因为少年仗剑的梦想受阻，让李白身上的英雄侠气无法在现实世界中展现出来，便更多地表现在了文学的世界中，所以我们会在他的诗中文中找到刀光剑影，找到豪情万丈，找到侠义之心。

如《蜀道难》：

噫吁嚱，危乎高哉！蜀道之难，难于上青天！蚕丛及鱼凫，开国何茫然！尔来四万八千岁，不与秦塞通人烟。西当太白有鸟道，可以横绝峨眉巅。地崩山摧壮士死，然后天梯石栈相钩连……

又如《将进酒》：

君不见黄河之水天上来，奔流到海不复回。君不见高堂明镜悲白发，朝如青丝暮成雪。人生得意须尽欢，莫使金樽空对月。天生我材必有用，千金散尽还复来……古来圣贤皆寂寞，惟有饮者留其名。陈王昔时宴平乐，斗酒十千恣欢谑……

再如《梦游天姥吟留别》：

海客谈瀛洲，烟涛微茫信难求。越人语天姥，云霞明灭或可睹。天姥连天向天

《蜀道难》，明，谢时臣

横,势拔五岳掩赤城。天台四万八千丈,对此欲倒东南倾。我欲因之梦吴越,一夜飞度镜湖月……

4

李白年轻时是如何游走于达官贵人之间的呢？他又有什么处世法则可施展？

李白走出四川之后，无论走到哪里，常做的一件事就是去结交当地的"掌舵人"。

如到了湖北安陆一代，李白首先拜会了人称韩荆州的当地知名人物韩朝宗。当时，韩朝宗的父亲韩思复官至吏部侍郎，有很多人都是通过韩朝宗的推荐才做了官的。在当地甚至流传这样一句话："生不用万户侯，但愿一识韩荆州。"这位在湖北乃至全国都响当当的人物，李白自然是要去结交、拜见的。

正好韩朝宗举办了一个酒会，也邀请了李白参加。在韩朝宗敬酒时，李白豪爽地第一个站起来跟人家干杯。这种不拘小节的行为，让韩朝宗注意到了李白这个年轻人。

李白递上了自荐书《与韩荆州书》，对韩荆州进行了一番赞美：

何令人之景慕，一至于此耶！岂不以周公之风，躬吐握之事，使海内豪俊，奔走而归之，一登龙门，则声价十倍。所以龙蟠凤逸之士，皆欲收名定价于君侯。愿君侯不以富贵而骄之，寒贱而忽之，则三千中有毛遂，使白得脱颖而出，即其人焉。

荆州大人，您怎么会受人敬仰、爱慕到如此程度！是因为您有周公那样的作风，躬行吐哺握发之事，才会使海内的豪杰俊士都奔走、归于您的门下。士人一经您的接待便声名大增,让屈而未伸的贤士都想在您这儿获得美名,奠定声望。希望您不要因自己富贵而傲慢,不要因他们微贱而轻视,如此您的宾客中才会出现毛遂那样的奇才。假使我能有机会显露自己的才干——我会证明我就是那样的人!

后面,李白继续表明心迹,说因知晓韩朝宗对诸位贤士推心置腹,赤诚相见,所以愿意托身于他,如逢紧急艰难有用人之处,愿献身效命。

李白这封自荐信写得极其光明磊落,并尽显"天生我材必有用"的自信。

那么李白最后得偿所愿了吗?遗憾的是,并没有!在韩荆州之前,李白还曾拜谒过安州都督马正会、安州长史李京之和裴长史等人,结果均以失望告终。

《藏云图》局部,明,崔子忠

那么自荐被拒的李白有什么反应呢?没有什么,继续寻找新的可能赏识之人,继续游走于天下,毕竟他是李白,能闻名于天下,自然不是轻易沉沦之人。而这或许也正是李白的处世法则,一个敢于剖白自己,一个不怕面对失败,一个面对失败仍豪情不减的伟大诗人。

在古代文人中,李白或许是比较特别的一个例子——虽有出仕之心,却无出仕之运,纵然心中豪情万丈,纵然腹中诗书万卷,无奈却没有施展抱负的机会。如此状态下的李白，心中就没有一点儿桃花潭水般的痛楚吗？未必，或许只是他善用豪情洒脱之心掩藏罢了。也或许，是命运的小手，希望他把精力更多地放在才情的展现上吧，希望他更多地游弋于诗词的世界吧！

5

李白是一位侠客，也是一位大才子，更准确地说是一位风流大才子，自然也是有着丰富的感情生活。从现代人的角度来看，李白这样的男性无疑不是一个谈感情谈婚姻的好对象。

李白一生，先后结过四次婚，魏颢在《李翰林集序》里有这样一段话："白始娶于许，生一女一男曰明月奴，女既嫁而卒。又合于刘，刘诀。次合于鲁一妇人，生子曰颇黎。终娶于宋。"

开元十五年（727）秋，26岁的李白第一次成家，夫妻两人感情也不错，许氏对李白的事业也很是支持。关于这段婚姻，李白也有《赠内》这种戏谑的诗留下记载：

三百六十日，日日醉如泥。虽为李白妇，何异太常妻。

不幸的是，许氏早亡。之后，李白又娶了一个姓刘的女子，但因感情不和很快两人便分手了。这并不是凭空而说，有李白的诗《南陵别儿童入京》为证：

会稽愚妇轻买臣，余亦辞家西入秦。仰天大笑出门去，我辈岂是蓬蒿人。

除了明媒正娶的四个妻子之外，李白的生命中还有许多让他难以

李白《赠内》诗意图

忘记之人。如他的《相逢行》一诗,就向我们讲述了这样一场令人心动的相遇:

  朝骑五花马,谒帝出银台。秀色谁家子,云车珠箔开。金鞭遥指点,玉勒近迟回。夹毂相借问,疑从天上来。蹙入青绮门,当歌共衔杯。衔杯映歌扇,似月云中见。相见不得亲,不如不相见。相见情已深,未语可知心。胡为守空闺,孤眠愁锦衾。锦衾与罗帏,缠绵会有时。春风正澹荡,暮雨来何迟。愿因三青鸟,更报长相思。光景不待人,须臾发成丝。当年失行乐,老去徒伤悲。持此道密意,毋令旷佳期。

  李白骑着五花马从皇宫出来后,遇到了一位美丽女子,不禁为她的容貌所惊叹,并有了一番美好的想象。

金陵是一个让李白流连不已的地方,他曾很多次经过金陵,在他的很多诗歌中也都有金陵出现,尤其是他诗里的女子,多以金陵一带的为主。在七言歌行《示金陵子》中,李白写道:

金陵城东谁家子,窃听琴声碧窗里。落花一片天上来,随人直渡西江水。楚歌吴语娇不成,似能未能最有情。谢公正要东山妓,携手林泉处处行。

李白在金陵的美好相遇远不止这些,写相遇的诗自然也很多了,再看下面这首:

南国新丰酒,东山小妓歌。对君君不乐,花月奈愁何。

身在南国,一边喝着新丰美酒,一边有美人陪伴,人生如此,还有什么不快乐的呢?但是真的如此吗?若真是如此,我们认识的李白应不只是如今这样。但李白仍在艳遇的路上玩乐着。

李白的艳遇在一切地方皆有可能,比如在路上,《陌上赠美人》便是如此:"骏马骄行踏落花,垂鞭直拂五云车。美人一笑褰珠箔,遥指红楼是妾家。"

春天是思春的季节,也是最容易发生美好相遇的季节。在一个春天,李白也许在家里待闷了,决定出去透透气。美好就这样发生了!这个美女出行挺豪华,当她掀开帘子看到李白时,指着远处的红楼说,那里就是我的家。

让人寻味的是,在所有的金陵女子中,李白只提到过一个人的名字,并曾专门写诗描述,这个人就是段七娘。

罗袜凌波生网尘,那能得计访情亲。千杯绿酒何辞醉,一面红妆恼杀人。

"罗袜凌波生网尘",这一句很容易让现代人想到金庸先生的

李白《鹦鹉洲》诗意图,明,石涛

《天龙八部》里的凌波微步;时间往前推,曹植见到洛神的时候,也是被凌波微步、罗袜生尘给吸引了。见到这样的美女,李白心中泛起怎样的情思呢?他没有过多言语描述,仅用了一个"恼"字,便将最真实的心境写照展现出来了。也可见段七娘并非一般的红尘女子。

哪怕是李白离开金陵后,段七娘的风华绝代仍在李白心中挥之不去。后来,李白写了《代别情人》一诗,表达了他对段七娘的相思之苦。

昔作一水鱼,今成两枝鸟。哀哀长鸡鸣,夜夜达五晓。起折相思树,归赠知寸心。覆水不可收,行云难重寻。天涯有度鸟,莫绝瑶华音。

我忘不了你那艳若桃花、风情万种的模样，更忘不了你对我的喃喃细语。可是，我和你只是萍水相逢，如今，虽然我和你互不知音讯及踪迹，但是我依然可以写诗以表心意。

不知道是否因为这个多情到滥情的李白，才让那个有才情的李白浪费了大好年华与才华？而这样的李白，也让人不由想起了他后世那个奉旨填词的柳三变；或许这样的李白，正因仗剑天涯受阻后才会得以出现吧？

6. 苦大仇深非天生，只因经历过太多
—— 杜甫

杜甫（712—770），字子美，世称杜工部、杜拾遗，河南巩义市人，唐代著名诗人，与李白齐名，被后人尊称为"诗圣"。生活在唐朝由盛转衰的历史时期，唐肃宗时，官为左拾遗。一生忧国忧民，其诗的内容对社会动荡、政治黑暗、人民疾苦关注较多，被誉为"诗史"，对后世影响深远。

杜甫的诗以古体、律诗见长，风格多样，诗风沉郁顿挫，以沉郁为主。一生写诗1500多首，其代表作有"三吏""三别"，另有《杜工部集》传世。

1

提到杜甫的诗，首先让人想到的就是忧国忧民，而"诗圣"的美名，也正是由此而来。

杜甫是怎样一步一步走向"诗圣"之路的呢？

6. 苦大仇深非天生，只因经历过太多——杜甫

唐玄宗时期，公元712年，杜甫出生在河南省的巩县。杜甫的运气相当背，这个时候唐朝开始走下坡路了。要在这个时候成名，那可真不是耍耍嘴皮子就能成功的事儿。为什么这样说呢？这得从杜甫参加的一次考试说起。

天宝六载（747）唐玄宗效法汉武帝亲自进行了一场全国海选，希望能淘到人才。关于这次海选，《资治通鉴》里有明确记载：

上欲广求天下之士，命通一艺以上皆诣京师。李林甫恐草野之士对策斥言其奸恶，建言："举人多卑贱愚聩，恐有俚言污浊圣听。"乃令郡县长官精加试练，灼然超绝者，具名送省，委尚书覆试，御史中丞监之，取名实相副者闻奏。既而至者皆试以诗、赋、论，遂无一人及第者。林甫乃上表贺野无遗贤。

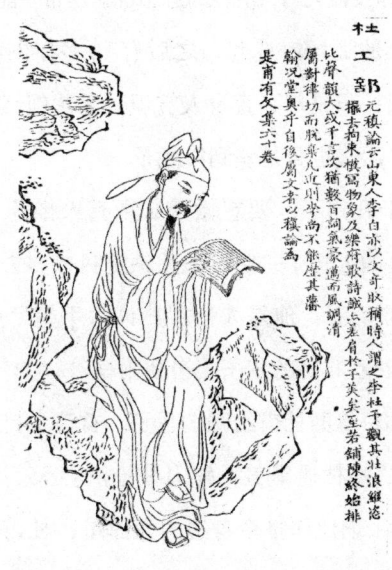

杜甫像

李林甫说天下的人才早就被皇上您搜罗干净啦，没有更合适的人选了。这种荒唐滑稽的话唐玄宗居然相信了。

虽然杜甫被这次海选涮了一把，但此时的他依然壮志雄心。

杜甫给时任尚书左丞的韦济写了一首诗——《奉赠韦左丞丈二十二韵》，诗中他这样写道：

纨绔不饿死，儒冠多误身。丈人试静听，贱子请具陈。甫昔少年日，早充观国宾。读书破万卷，下笔如有神。赋料扬雄敌，诗看子建亲。李邕求识面，王翰愿卜邻。自谓颇挺出，立登要路津。致君尧舜上，再使风俗淳。此意竟萧条，行歌非隐沦。骑驴十三载，旅食京华春。朝扣富儿门，暮随肥马尘。残杯与冷炙，到处潜悲辛。

杜甫表达对那些纨绔子弟的不满后，夸赞自己的才华可以跟扬雄、曹植相比。为了证明自己不是胡吹，他说自己在很小的时候就读了万卷书，下笔如有神，可惜却投报无门，潜在的意思也就是希望能得韦济的赏识。

从公元747年的那场海选起，之后有10多年的时间，杜甫来往于洛阳和长安之间，只是却一直没人赏识，无法施展自己的才能与抱负，只能说杜甫的运气也真是差到谷底了。

后来杜甫终于开窍了：要想做官必须有人推荐。于是，杜甫就将有能力推荐自己的人选了一番，最后锁定目标，去找一个叫张垍的人。张垍是何方神圣呢？他是人称"燕许大手笔"的文坛宗主张说（张说还是当朝的右丞相）的儿子，当朝驸马爷。

公元750年，39岁的杜甫给张垍写了一首诗，诗的名字是《赠翰林张四学士垍》，"翰林逼华盖，鲸力破沧溟。天上张公子，宫中汉客星。"诗中，将张垍比作皇帝身边的文曲星，杜甫这样给张垍戴高帽，希望张垍拉自己一把。

张垍被杜甫吹捧得心里美滋滋的,就答应帮杜甫一把,不过,得找到合适的机会才行。没过多久,机会眷顾了。

唐玄宗在长安的南郊举行了一个大型的祭祀活动。在这样的情况下,杜甫也写成了三篇吹捧之文,分别是《朝献太清宫赋》《朝享太庙赋》《有事于南郊赋》。

杜甫的这三篇文章,唐玄宗看后非常赞赏,认为杜甫是一个奇才,有意向录用他。《新唐书·杜甫传》里对此有记载:"帝奇之,使待制集贤院,命宰相试文章。"张垍将这个好消息告诉了杜甫,说这下你可发达了,连皇帝都对你大加赞赏。杜甫心里也充满了期待。不过,他还要完成一件事,即接受集贤院的考核。按理说,以杜甫的才学,考试真是小事一桩。可是,结果却又一次让他失望了,杜甫仅被列为后备人选。按照《进封西岳赋表》的说法,"送吏有司,参列选序"。

好在杜甫并没有彻底绝望,过了几年,他又写了文章给唐玄宗。遗憾的是,这次连一个回音都没有。

杜甫这次给唐玄宗写了什么文章呢?——《封西岳赋》。在这篇文章里,杜甫请求唐玄宗祭祀西岳华山。华山是唐玄宗的本命之山,杜甫想到这个点子,估计是受了高人的指点,而这个人极有可能就是张垍。

为了万无一失,杜甫同时还为掌管恩甄的官员田澄写了一首诗。在诗中,杜甫急切地写道:"扬雄更有河东赋,唯待吹嘘送上天。"诗中说像扬雄这样的奇才,当年也是靠别人的吹捧,才得以走进官场,可见杜甫的急切与无奈。

遗憾的是,杜甫这次还是以失败告终。

杜甫《饮中八仙歌》诗意图局部

面对这样的残酷结局，杜甫仍然没有死心，他又锁定了新目标，直接向杨国忠的心腹鲜于仲通出击。杜甫不知道从哪里得知这个仲通曾经救济过杨国忠，赶紧用神来之笔写了一首《奉赠鲜于京兆尹二十韵》。

在《奉赠鲜于京兆尹二十韵》中，杜甫这样吹捧道："交合丹青地，恩倾雨露辰。有儒愁饿死，早晚报平津。"杨国忠在四川落难时，是仲通救济了他。杜甫充满深情地说，你对当朝宰相的救济简直如同恩泽雨露啊！现在有个穷书生就快要饿死了，如果这个时候能帮帮我，我早晚要报答您的。可惜，杜甫又拜错了庙门！

经历了多次失败的杜甫，他的诗文终于开始转换方向了。

2

公元750年发生了一件大事。杨国忠给唐玄宗推荐鲜于仲通为剑南节度使，负责监视与控制南诏。南诏王阁罗凤带着一家老小去姚州拜会云南郡太守张虔陀，张虔陀见南诏王阁罗凤的夫人长得漂亮，顿时起了淫心，当面侮辱阁罗凤的妻子。这惹怒了阁罗凤，他派专使远赴长安向唐玄宗控诉张虔陀的罪行。唐玄宗听信杨国忠的谗言，对此事不予理会，阁罗凤大怒。公元751年，阁罗凤举兵，让不可一世的唐朝军队吃了大败仗。《资治通鉴》记载，杨国忠让"剑南节度使鲜于仲通讨南诏，大败于泸南"。之后，唐朝军队又接连吃了几次败仗，尤其是在西洱河之战，唐军竟然死了6万人，仅鲜于仲通捡了条命回来。对于战事，杨国忠掩其败状，谎报战功。战事愈来愈糟糕，百姓苦不堪言，不少地方已陷入行者哀怨、白发人送黑发人、哭声震天的境地。

针对这种情况，杜甫写了一篇《兵车行》，严厉批判了唐玄宗穷兵黩武又好大喜功的政策，针针见血、脍炙人口！特别是"边庭流血成海水，武皇开边意未已"一句，简直是石破天惊！公元753年，杜甫又写下了《丽人行》，猛烈抨击杨国忠兄妹，将他们声色犬马、骄奢淫逸的生活写得淋漓尽致，并指出由此导致的社会惨状。

《兵车行》和《丽人行》在抨击了时政和权贵的同时，也让杜甫的仕途之路越发艰难了。

虽然已经历了官场和政治的黑暗一面，且也屡遭打击，但此时的杜甫对仕途仍心存一丝奢望。公元754年,陈希烈被罢黜了宰相的职务,杨国忠推荐韦见素为宰相。杜甫知道此事后写了一首诗给韦见素,诗名叫《上韦左相二十韵》。诗中,他夸赞对方说:"沙汰江河浊,调和鼎鼐新。韦贤初相汉,范叔已归秦。"

经过杜甫这样不合时宜的折腾,他的生活越来越穷困潦倒,甚至无法再继续在长安待下去。公元755年,杜甫带着一家人流落到距离长安东北方向的奉先,寄居在县衙的公舍里——这得力于他的老婆杨氏,杨氏跟奉先的县令有亲戚关系。

天宝十四载(755)十月,杜甫回到长安。朝廷给了杜甫一个九品官做——河西尉,一个最下等的官职。

杜甫并没有接受这个河西尉的官职,他选择了等待,不久他又等来了一个好消息。杜甫做了右卫率府胄曹参军,这是个什么官呢?说白了,这就是一个兵器库的管理员。

杜甫做兵器库的管理员大概一个月后,一场突如其来的大风暴发生了:安禄山在范阳起兵反唐,史称"安史之乱"。此时的杜甫正在由长安往奉先县探望妻儿的路上,得以真切感受到了战争给普通百姓带来的深切灾难,以及贫富之下悬殊的社会差距。他在路上写下了长诗《自京赴奉先县咏怀五百字》,留下了"朱门酒肉臭,路有冻死骨"的千古名句。

安史之乱将杜甫推向了更加苦难的深渊。

杜甫的命运又将走向何处?是明哲保身,还是将面临更重大的考验?

3

安史之乱对大唐根基的破坏是巨大的，曾经繁荣的唐朝急剧衰败。8年的时间，唐朝从原先的一棵参天大树变成一棵满是蛀虫的朽木。尸横遍野、血流成河、民不聊生等词汇成了此时期最常用的代名词。

那么，杜甫呢？他在这8年都做了什么？

安史之乱爆发后，杜甫又搬家了，从奉先搬到了白水，寄居在他舅舅白水县县尉崔十九家。

在这里，杜甫一家过了一段安稳的日子。

可惜好景不长。公元756年，安禄山的军队与唐军在潼关相持不下。安禄山多次进攻都没能将潼关拿下。正在安禄山准备放弃的时候，唐玄宗轻信了杨国忠的话，盲目地催促哥舒翰主动出击。当时，哥舒翰镇守长安门户，他曾上言唐玄宗，说现在不宜出击，应该坚守潼关，以静制动。但是在唐玄宗接二连三地派出使者催促下，哥舒翰只能出兵。结果潼关失守，长安的东大门出现缺口，之后安禄山没费多大工夫就攻陷长安了。唐玄宗没法，只能慌忙逃亡四川。

此时的杜甫也夹杂在难民中，从白水向北方逃亡。对这段逃亡的生涯，杜甫在《送重表侄王砅评事使南海》中做了描述：

吾客左冯翊，尔家同遁逃。争夺至徒步，块独委蓬蒿。逗留热尔肠，十里却呼号。自下所骑马，右持腰间刀。左牵紫游缰，飞走使我高。苟活到今日，寸心铭佩牢。乱离又聚散，宿昔恨滔滔。

《明皇幸蜀图》，唐，李昭道

从诗中看出，这次逃亡幸好有重表侄王砅，要不然，杜甫多半就没命了。原来，杜甫的坐骑被人抢了，没有坐骑只能够步行，没想到掉进了蓬蒿坑里。王砅应该是一个武功高强的人，他把杜甫救起来后，还把自己的坐骑给了杜甫，然后一路护送杜甫脱离了险境。像这样的危险肯定不止一次，有一次杜甫一行人到彭衙时，遇到了暴雨。一行人饥寒交迫，大人饿了尚且可以忍受一下，小孩子饿了只能哇哇大哭。战事连连，生态环境遭到严重破坏，原先躲在山林里的老虎、狼之类的食人动物也跑出来觅食。估计这个时候的杜甫与重表侄王砅已经失散了，要不然杜甫不会捂住他女儿的嘴巴，不让她哭，怕惊动了虎狼。这样提心吊胆了很长时间，好在杜甫后来遇到了老朋友——彭衙县的县尉孙宰，孙宰将杜甫一家带到他家里，盛情款待。

在孙宰家里住了些时日，杜甫带着家人继续逃亡。

经过千辛万苦，终于到了鄜州的羌村，将妻小安顿好后，杜甫就想回去履行他的职责。他一直没忘记自己是一个兵器库的管理员。杜甫之所以急于回去，一方面可能真的是出于职责，另一方面可能或多或少能得到一些俸禄。唐肃宗至德元年（756），杜甫在回去的途中听说太子李亨在灵武称帝，便改道投奔唐肃宗去了。

还没到唐肃宗那里，杜甫就被叛军给抓了。也许看他就是一个手无缚鸡之力的书生，叛军对他看管不怎么严。杜甫也因此更多地见识到了战争的破坏性，以及民生之多艰，写下了大量反映民间疾苦以及忧国忧民的诗歌，如大家所熟悉的《春望》《哀江头》《哀王孙》等。

在《春望》一诗中，杜甫满怀忧愤地写道："国破山河在，城春草木深。感时花溅泪，恨别鸟惊心。"这首诗写尽了杂草丛生、残墙城破、一片荒凉的山河破碎景象。原本应该是鸟语花香的好景色，如今给人的只是冷到心底的悲凉。很难想象，曾经不可一世的大唐帝国，如今却是风雨飘摇。

杜甫在这一时期写的诗就像史书，真实地记录了安史之乱期间的人间惨状，这种惨不仅反映在普通百姓身上，官员、皇室成员也同样难以逃脱，《哀王孙》一诗便是反映了叛军残杀皇室成员的事实。

公元757年，杜甫利用叛军的疏忽，借助草木的隐蔽成功地逃了出来，踏上投奔唐肃宗的旅途。对此，杜甫在《自京窜至凤翔喜达行在所三首》中这样写道：

西忆岐阳信，无人遂却回。眼穿当落日，心死著寒灰。雾树行相引，连峰望忽开。所亲惊老瘦，辛苦贼中来。愁思胡笳夕，凄凉汉苑春。生还今日事，间道暂时人。司隶章初睹，南阳气已新。喜心翻倒极,呜咽泪沾巾。死去凭谁报,归来始自怜!犹瞻太白雪,喜遇武功天。影静千官里,心苏七校前。今朝汉社稷,新数中兴年。

成功逃出后的杜甫没有去找自己的家人,而是直接去找唐肃宗了。

杜甫见到唐肃宗了吗?见到了。在《述怀》一诗里杜甫说得很清楚。

杜甫见到唐肃宗时,衣服已经破烂不堪,脚上一双破麻鞋,就跟乞丐差不多。唐肃宗见杜甫这般凄惨与忠诚,大受感动,随即授予他左拾遗一职。

杜甫任左拾遗一职期间,唐肃宗罢免了宰相房琯。

杜甫直接谏言唐肃宗罢免房琯是错误的。关于此事,《旧唐书·杜甫传》里有这样的记载:"甫上疏言:'罪细,不宜免大臣。'帝怒,诏三司亲问。宰相张镐曰:'甫若抵罪,绝言者路。'帝乃解。"

房琯一事对杜甫的命运有很大的影响,唐肃宗开始冷淡他了。

公元757年,杜甫决定回家探望妻儿。

此时的杜甫已经45岁,凤翔到鄜州路途遥远,为了能加快行程,只能借助马匹。在安史之乱期间马匹是作为军用物资使用的,私人可用的马匹少。为了能借到一匹马,杜甫决定给李嗣业将军写诗。在《徒步归行》中,杜甫这样写道:"明公壮年值时危,经济实藉英雄姿。国之社稷今若是,武定祸乱非公谁。"杜甫最终借到了马。在回鄜州的途中,杜甫感慨良多。在此期间写了不少好诗,如《北征》《羌村》等。在这些诗中杜甫写尽了世间之情,苦闷、压抑,也伴着浓浓的乡情,还有难以启齿的辛酸、窘迫。

《北征》一诗中有两句写得非常地感人,读后会让人忍不住落泪。"平生所娇儿,颜色白胜雪。见耶背面啼,垢腻脚不袜。"杜甫说他回家看到孩子因营养不良面色苍白,脚上没有袜子穿,且非常地脏,孩子看到父亲时,转过身来啼哭。可以想象杜甫一路颠簸回到家乡的那种狼狈状,一个年过半百的读书人受尽人间凄苦。"床前两小女,补绽才过膝……那无囊中帛,救汝寒凛栗。粉黛亦解包,衾绸稍罗列。瘦妻面复光,痴女头自栉。"(《北征》)杜甫走到里屋,看见床前两个女儿穿着补缀的旧衣裳,刚过两膝——原来,女儿长高了,裙子太短了。奈何囊中没有一些财帛,救你们于寒战凛栗。这里,杜甫将自己和家庭的处境生动地表现出来,不是自己不爱家庭,不是自己不爱妻儿,是自己有心无力。当他体会到妻子和爱子对他的体贴,天真幼女在父亲面前的娇痴,回想到他自己舍家赴难以来的种种遭遇,不由得把一腔辛酸化为相聚的欣慰。"生还对童稚,似欲忘饥渴。问事竞挽须,谁能即嗔喝?翻思在贼愁,甘受杂乱聒。"此时,一个爱怜家小的平民形象顿显出来,难怪杜甫要说:"我能活着回来看到孩子们,高兴得好像忘了饥渴。他们问我事情,竞相拉着我的胡须,谁能对他们责怪呼喝?反而使我想起困在贼窝的愁苦,我真的心甘情愿受他们杂乱吵嚷。"

　　杜甫在老家待了大概三个月的时间,唐肃宗并未追究。

　　回到朝廷后的杜甫,等待他的又是什么呢?

　　杜甫的谏言惹怒了唐肃宗,是宰相张镐对唐肃宗说杀了杜甫,以后再也没有人敢跟你谏言了。唐肃宗这才放了杜甫一马。此时距杜甫上任左拾遗一职不到一个月。

4

唐肃宗收复长安,但安史之乱并未结束。

唐朝经安史之乱,元气大伤。在这样的状况下,原本应该恢复元气、重振大唐声威的唐肃宗却为了巩固自己的地位开始清除前朝遗老,排除异己。唐肃宗重用宦官李辅国,很多人因他而遭到贬谪,杜甫当然也在其中。

杜甫《闻官军收河南河北》诗意图,傅抱石

还是因为房琯的缘故,杜甫被贬为华州司功参军,做一些鸡零狗碎的事。杜甫干得相当郁闷,相当窝火。在《早秋苦热,堆案相仍》一诗里,杜甫将其描绘得淋漓尽致:"七月六日苦炎蒸,对食暂餐还不能。每愁夜中自足蝎,况乃秋后转多蝇。束带发狂欲大叫,簿书何急来相仍。南望青松架短壑,安得赤脚蹋层冰。"

特别是"束带发狂欲大叫,簿书何急来相仍"这一句,我们可以清晰地在脑海里浮现出杜甫发狂、窝火的场景。让一个才华横溢、一心报国的人干这种琐碎之事,简直比要了他的命还难受。但又没有办法,如果辞职不干,生活怎么办?难道还要看到儿子因营养不良而变得面色苍白?

乾元二年(759),郭子仪的军队与叛军交战,双方都损失惨重。在溃散中,老百姓最遭殃,此时的杜甫也颠沛流离在从洛阳返回华州的路上,他一路看到百姓流离失所的凄惨状以及叛军的无情骚扰,不禁写下了流传千古的"三吏""三别"。

对比杜甫前期的诗,我们不难发现,他诗歌的思想性越来越高了。杜甫这一时期的诗歌可以说是唐朝这一时期历史的代言,而他也为此付出了沉重的代价。

写出"三吏""三别"的杜甫,此后的生活更糟了。对统治阶层的失望,自身抱负难以实现,让杜甫对仕途不再期待,开始远离官场,再加上自然灾害,杜甫一家又开始了四处搬家的动荡生活。

杜甫带着家人到了秦州,那里有他的亲戚。他有一个侄儿,名叫杜佐。为表示感激,杜甫说他侄儿是竹林七贤的化身。这时期帮助杜甫的人,除了杜佐,还有如赞上人(和尚)、阮昉(阮籍后人)等人。只是,这些帮助杜甫的人也不富裕,杜甫不可能长期靠他们。因此,杜甫在秦州住了一段时间后,又离开了。

杜甫带着家人继续流浪,最后到了成都,这一年他已经48岁了,暂时寄居在浣花溪畔的草堂寺。

杜甫为什么要选择成都呢?除了成都免遭战乱,是一个可供避难的好地方外,还有一个原因是杜甫有一个朋友在这里做官。这个人就是高适,他当时任彭州刺史。杜甫来到成都,高适给予他不少帮助。另外,还有裴冕等人也对他有不少关照,他总算过上安稳日子了。

寄居在草堂寺肯定不是长久之计,怎么说也得有自己的小窝。

杜甫《客至》诗意图,清,王时敏

在多方朋友的帮助下,公元760年,即杜甫50岁那年,终于有属于自己的安定之所了。

那么,有了这处房子,杜甫是否就从此高枕无忧了呢?当然不是,否则也就不会有《茅屋为秋风所破歌》这首诗的诞生,也就难有"安得广厦千万间,大庇天下寒士俱欢颜"的感慨之说了。

杜甫在成都有了相对安稳的生活,却仍心系长安。是的,杜甫想过回到长安,因为他壮志未酬。

其实,杜甫回长安,笔者觉得并不现实,此时唐玄宗与唐肃宗已经不在,继位的是唐代宗。朝廷哪把他当回事,大唐已经日薄西山,不可能再重振雄风了。

但杜甫就是坚定地要回去,只是这一次,杜甫不再那么"幸运",没能回到长安就在路途中去世了。大历五年(770),一个生于盛世、经历了大唐的衰败、又用诗歌抒写记叙了这一史实的诗人就这样离开了人世间,留给后人无限的感慨。

5

关于杜甫的死,一直是一个谜。一说杜甫是病死的,他曾多次在诗中透露自己患有严重疾病。比如在《登岳阳楼》一诗中,59岁的杜甫这样说道:"亲朋无一字,老病有孤舟。"又如在《同元使君舂陵行》中,杜甫说他"我多长卿病,日夕思朝廷。肺枯渴太甚,漂泊公孙城"。杜甫在这首诗中提到他久病多时,且肺部有严重的疾患。到了《寄薛三郎中璩》一诗中,杜甫更是坦言他因肺部有病不能再喝酒了。再如《遣闷奉呈严公二十韵》一诗中,杜甫这样写道:"老妻忧坐痹,幼女问头风。"这说明杜甫很有可能患了偏头痛。

由此可见,中年的杜甫被重病所困扰,身患多种疾病。与此同时杜甫还饱受着精神的折磨,除了壮志未酬外,亲人朋友也先后死去。49岁之后,杜甫的老朋友几乎都去世了。

公元760年,杜甫在长安的朋友储光羲去世。杜甫曾和他在大慈恩寺共叙诗话。

公元761年,著名诗人王维去世。杜甫曾与王维同朝为官,两人情谊较深。

公元762年,诗仙李白

杜甫《登高》诗意图,清,王时敏

去世。杜甫给李白写诗写得最多,一个诗仙,一个诗圣,两人曾经碰撞在一起,杜甫对李白追崇不已。

公元765年,高适和严武先后去世。杜甫在成都,多亏他们慷慨相助。……

短短数年,曾经的朋友一个个都去了,杜甫心中除了无尽的哀伤与孤独,还有无奈与愤懑,再加上疾病缠身,杜甫觉得自己也在劫难逃了。他在《贻华阳柳少府》中凄凉地写道:"子壮顾我伤,我欢兼泪痕。馀生如过鸟,故里今空村。"

公元770年,杜甫带着无尽的哀伤死在了那条回长安的船上。

那么,杜甫在唐朝时的名气如何呢?其实,杜甫活着时,在唐朝充其量算是一个二流诗人,名气远不如李白、王维等人。他的名气,是在他去世50年后,才发生了重大的变化。因白居易、元稹、韩愈等人都喜欢上杜诗,在他们的极力推荐下,杜甫的名气一下子上升到可以与李白平起平坐的高度。

到了北宋,著名词人秦观在《韩愈论》中,又强调杜诗的艺术成就,认为杜甫的诗就像孔子的学说和思想一样,也是集大成的。

明代时,文学家王穉登在《合刻李杜诗集序》中,第一次提出了"诗圣"说,也基本由此确定了杜甫"诗圣"的地位。

《杜甫像》,傅抱石

7. 人生赢家，不过是适者生存
——韩愈

韩愈（768—824），字退之，号昌黎，世称韩昌黎，河南孟州市人，唐朝著名文学家、思想家、政治家，古文运动的倡导者，主张学习先秦两汉的散文语言，破骈为散，与柳宗元并称"韩柳"。

韩愈在政治上颇有作为，官居高位，主张天下统一，反对藩镇割据。他推崇儒学，排斥佛老，同时也是古代道统观念的确立者。其文气势壮盛，词锋犀利，语言练达，苏轼称他为"文起八代之衰"，著有《韩昌黎集》四十卷、《外集》十卷、《师说》等。

1

作为一个文人，如果能做到韩愈那样，既有诗名、大量诗文传世，又在政治上大展手脚，那也真是此生无憾了！韩愈3岁时，他老爸韩仲卿就驾鹤西去了，他是被兄长韩会及嫂嫂抚养成人的。

唐德宗贞元二年（786），19岁的韩愈只身一人到长安参加科举考试。韩愈觉得自己应该是一个很厉害的人物，是时候到京城一举扬名了。为什么这样说呢？因为韩愈写了一首牛气冲天的诗："我年十八九，壮气起胸中。作书献云阙，辞家逐秋蓬。"（《赠徐州族侄》）韩愈说他十八九岁就已经壮志在胸了，这次考试是势在必得。

如此自信的韩愈这次考试通过了吗？不但没有，反而考得非常差。他有诗表达当时的沮丧心情："蹉跎颜遂低，摧折气愈下。"（《县斋有怀》）

考试失败的韩愈心情低落到了极点，生出了"长安百万家，出门无所之"（《出门》）的感叹，可以想象韩愈当时的那种茫然与无措到了什么地步。好在他年轻气盛，不会轻易拜倒在失败的脚下。贞元四年（788），韩愈再次参加科举考试，只是又失败了。这次对韩愈的打击更大，他后来回忆说："始余初冠，应进士贡在京师，穷不自存。"

韩愈说他这次真沦落到山穷水尽、身无分文的境地了。

没有钱怎么办？想办法去弄呗！韩愈想了一个怪招。这一天，韩愈听说北平王马燧要出行。韩愈远远地见马燧骑马过来，赶紧前去拦下。韩愈为什么如此大胆敢拦马燧下马呢？原来，韩愈的一个堂兄曾经是马燧的下属，在与马燧征讨吐鲁番的时候战死了。因为有这样一层关系，马燧念及旧情，非常同情韩愈，就把他带到府里供吃供住，还让两个儿子跟着他一起读书。

经过一番充足的准备，韩愈第三次参加科举考试，结果又名落孙山。

直到唐德宗贞元八年（792），韩愈才考上。这一次怎么就考上了呢？原因很简单，一个是名气的积累，一个是名人的推荐。韩愈这一次是两者都占齐了。先说名气。韩愈经过前三次的考试，多少有了点儿名气。再说名人推荐。这次考试有一个考官是韩愈叔父韩会的朋友，他就是当时大名鼎鼎的散文家梁肃。介于这层关系，再加上韩愈的文章写得也不错，梁肃就积极地推荐韩愈。当时的翰林学士郑余庆也很欣赏韩愈。有这样两个名家的推荐，主考官陆贽自然对韩愈格外厚爱。陆贽不但是主考官，还是当朝宰相，在朝中有着举足轻重的作用。

韩愈考中进士这一年刚好25岁。考中进士后，按照当时的制度，还要经过吏部的考核，通过后才能被授予官职。不幸的是，韩愈参加了三次吏部考试，统统没通过。

韩愈能怎么办呢？是继续考下去，还是另谋出路？他面临着人生重大的抉择。

2

站在人生的十字路口，身在长安的韩愈处在一片茫然中。

最后，他决定到节度使的幕府中做幕僚。好在做幕僚的收入较高，连韩愈自己都说，他当幕僚的时候，每月的收入比以往多了将近一百倍。

韩愈先后在汴州、徐州两个地方的节度使手下干过。做的什么官呢？幕府掌书记，主要负责起草文书文告、祭祀、朝觐等事宜。幕府的规章制度相当死板，且大大小小的规章制度一大筐。比如有一条制度就很不人性化，要求每年的九月到第二年的二月，每天早上必须来上班，必须上到晚上才能下班。

对这一规章制度经过一番思索，韩愈写了一封信："人各有能有

不能。若此者,非愈之所能也。抑而行之,必发狂疾……虽不晨入而夜归,其所取者犹在也。"(《上张仆射书》)

韩愈说要遵守这里的规章制度,我一定会憋疯的。再者,你之所以选择我到你这里上班,一定不是因为我能早出晚归。我身上如果有你看中的地方,那么,即便是我不早出晚归,我身上被你看中的东西依然存在,不是吗?韩愈这话说得句句在理。然后,韩愈又给出了解决方案。"下之事上,不一其事;上之使下,不一其事。量力而任之,度才而处之,其所不能,不强使为是。……将以称于天下曰:知己!知己!则未也"。(《上张仆射书》)

韩愈的意思很简单,就是将工作与休息的时间调控好。比如早上

韩愈《奉和虢州刘给事使君三堂新题二十一咏·北楼》诗意图

8点上班，中午11点下班。吃了午饭，还可以睡个午觉，下午3点又上班，6点下班。这不挺好嘛！如果能做到这样，不是很人性化吗？这是一方面。

另一方面，不管是上级对下级，还是下级对上级，都不能永远用一把尺子的标准去衡量工作和能力。人们常说"量力而行"，说的就是这个意思，做不到的不要强求，可以适当放宽一点儿。这样的话上级就不会怪罪下级，而下级也不会因此而埋怨上级，这多好啊！不然的话，今天你对我不满，明天我对你报复，这工作怎么可能做得好？如果你能听取我的建议，那天下的人都会说你真是管理有方，人情味十足。同时，他们也会说，韩愈是跟对人了，像韩愈这样的人都能够受到你的器重与礼遇，那就是为你死也愿意啊！

他接着又说，如果我在你这里任职不敢说这个实话，就会让我的个性得不到发展，那天下人会怎么说呢？他们会说你之所以选择韩愈无非是可怜他，看他没饭吃了，要露宿街头了。

徐州节度使张建封听取他的意见了吗？只能说听取了一部分。张建封对他也不是言听计从。其实，说了这么多，是因为韩愈对幕府的工作不满意，他不甘于长期在幕府待下去。他要另谋出路，正如他在《复志赋》中所说："固余异于牛马兮，宁止乎饮水而求刍。伏门下而默默兮，竟岁年以康娱。"韩愈说做人要有自己的理想和作为。

韩愈也知道自己这样混下去没有前途。过了些时日，他就主动向张建封递交了辞呈。韩愈刚刚启程前往洛阳，第二天徐州的军士就发动暴乱，韩愈可以说是死里逃生。后来，韩愈在国子监里谋取了一个四门博士的职位。这一官职虽然不高，影响却很大，更重要的是，韩愈从此进入了一个有发言权的圈子，从地方幕僚转变为政府公务员。

韩愈一到任，就不失时机地向主考官权德舆荐举了侯云长、尉迟汾、沈杞等人，使得他们考取进士。

韩愈做了四门博士后，刚解决了自己一家人的吃饭问题，就又因侄儿韩老成一家前来投靠，再次闹起了饥荒。韩愈一个人要养30多个人，他已经不能承受家庭开销之重了。

怎么解决呢？两个办法，一是向有钱的朋友求助；二是发挥自己写文的能力，写吹捧信、写谀文挣钱。对此，司马光曾极度鄙视，说韩愈这人就是"汲汲于富贵，戚戚于贫贱"。(《颜乐平颂》)

他一封又一封地写信，如给兵部侍郎李巽的信中，韩愈说自己"因困厄悲愁，无所告语"(《上兵部李侍郎书》)，希望李巽向他伸出一只手；在给山南东道节度使于頔的信中，韩愈更是到了乞求的地步，"愈今者惟朝夕刍米仆赁之资是急，不过费阁下一朝之享而足也。"他用近乎哀怜的语气，你这么有钱，剩下的一口饭菜都够我吃好些时日了。

与此同时，韩愈也给死者写谀文，以解决温饱问题。这也难怪司马光要鄙视了。

唐德宗贞元十九年（803），韩愈在做四门博士期间，写了一篇流传千古的文章——《师说》。"古之学者必有师"，对每个人来说老师是必不可少的。因为老师的作用就是"师者，所以传道授业解惑也"。什么样的人才能成为老师呢？韩愈的回答很有见地，他说："生乎吾前，其闻道也固先乎吾，吾从而师之；生乎吾后，其闻道也亦先乎吾，吾从而师之。吾师道也，夫庸知其年之先后生于吾乎？是故无贵无贱，无长无少，道之所存，师之所存也。"做老师不应该有年龄和身份限制，做学生的也是如此。做老师的不一定就非得是胡须一大把——似乎知识渊博的样子，也不一定是身在豪门——因为"闻道有先后，术业有专攻"。做学生的不一定就是小孩子，不一定就是贫寒子弟。总之，请用能力说话。用韩愈的话来说，"闻道"之人就能成为老师。

《师说》引起了轩然大波，韩愈不仅自己做老师，还鼓励别人也做老师，他为此遭受了很多人无情的诽谤和嘲笑。

之所以会有这种情况出现，皆源于当时的社会现状：人们是不尊重老师的，也耻于为师。是什么原因造成这样奇怪的现象？要回答这个问题，我们来看发生在柳宗元身上的一件怪事。一个姓韦的年轻人听说柳宗元的大名后，很想拜他为师，学习古文方面的知识。柳宗元不敢收这个姓韦的年轻人为学生，就找了个借口，说自己修养不够，资历也很浅，没有能力做老师。事实真的是这样吗？肯定不是，以柳宗元的才学，怎么可能没有资格做老师呢？真相是，从魏晋以来，人们都是不拜老师的，更没人愿意做老师，如果谁一定要搞特殊当老师，那他一定会被人笑掉大牙。韩愈主张古文运动，反对魏晋以来饰其辞而遗其意的骈文。就拿他自己来说，他通过刻苦努力实践了自己的文学主张，他不顾流俗的耻笑同青年后生交往，并给他们奖励和指示，这是魏晋以后所没有的好现象。韩愈这种超常规的做法必然引起轩然大波，人们都说这韩愈恐怕是神志不清了。我们再想想柳宗元找借口不愿意收下韦姓年轻人，这事离韩愈《师说》的完稿时间已经过去10年了，不良之风依然存在，甚至可谓根深蒂固！归根结底主要是科举制度惹的祸，那些高门望族根本用不着刻苦学习就能够通过科举考试，甚至有些人可能一出生就注定不用通过努力就可以获得荣华富贵。像韩愈这样靠自己的刻苦学习而走上成功之路的读书人无疑给了他们一记响亮的耳光，他们当然容不下韩愈如此妄为。因此，韩愈的《师说》就是一篇响亮的革命檄文。

韩愈大力呼吁尊重人才,改革人才选拔制度,再一次将孔子的儒家学说——"三人行,必有我师焉"的观念深入人心。这样的明锐观点,证明了韩愈是一个目光远大、心怀天下、颇具思想家的成熟与深邃的人。此后,韩愈的名气越来越大了。可是,对他而言,最大的困难还是生活问题。

到底是要生活还是要理想?抑或两者都要呢?

3

唐德宗贞元十八年(802),韩愈从四门博士升为监察御史。正当他兴奋不已时,却冷不防被赶出了京城,被贬到湖南连州的一个阳山县当县令。

韩愈被贬的原因应是上书《御史台上论天旱人饥状》得罪了权臣京兆尹李实,让唐德宗失了面子。

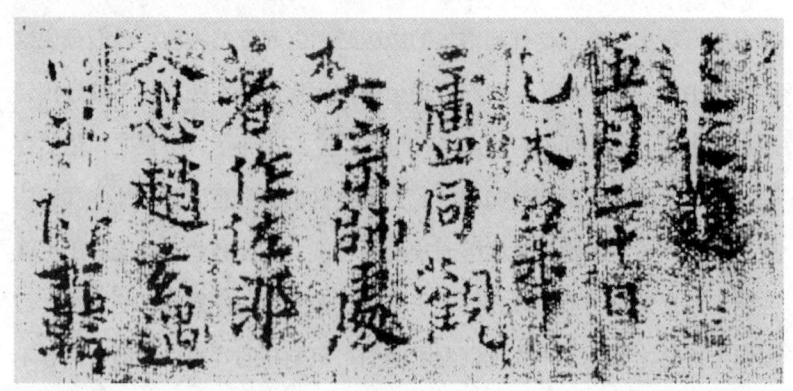

韩愈墨宝《曹娥诔辞》(传)

韩愈被贬到阳山县后并没有因此而沉沦，而是积极进行反思和总结。经过这件事后，韩愈变得成熟了许多，他更加明白官场之道、政治之道、为人之道和处世之道。

唐宪宗元和元年（806）六月起，韩愈先后担任国子学博士、都官员外郎、河南令、职方员外郎、比部郎中、史馆修撰和考功郎中等职。唐宪宗元和十一年（816），已经49岁的韩愈任中书舍人，属朝中五品官。韩愈的名气和影响力也越来越大，找他写文章的人也越来越多。

韩愈的高明之处就在于他懂得"改革自己"以适应生存，他似乎很精通"适者生存"法则。

韩愈的文章牛到什么程度呢？据说有人死了，若没有韩愈撰写的墓志铭，人家都不忍心下葬。据说尚书虞部员外郎张季友死后，他的侄子张涂找到韩愈，一进门就哭倒在地，说韩愈韩大人你一定要帮帮我啊！我叔叔临终前连说话都艰难了，可他依然强撑着告诉我，一定要请你为他写一篇墓志铭，否则就不下葬。

经过30年的努力，韩愈奋斗成一个声名显赫的朝廷大员，成为当时众多读书人的偶像。韩愈除了在文治方面很在行，在武治方面也不错。说这话有根据吗？有根据的，唐宪宗元和十二年（817）发生了一件事，朝廷任命宰相裴度为淮西宣慰招讨处置使。具体负责什么呢？讨伐叛军淮西节度使吴元济。

但是，朝廷出现了主战与求和谈判两种声音。

这个节骨眼上，韩愈写了一道名为《论淮西事宜状》的奏章。这道奏章可谓是一篇详细的军事战略分析报告，连怎么打都说得一清二楚。韩愈首先开宗明义地向唐宪宗阐明"所未可知者，在陛下断与不断耳",眼下最重要的是皇上您讨伐叛军的决心。韩愈主张速战速决,快刀斩乱麻般地消灭叛军。如何做到这一点呢?韩愈给出了具体方案:

(1)集中优势兵力逐个击破。之前朝廷军队讨伐失利,其中一个很重要的原因就是战线过长,原本厉害的朝廷军队力量分散了。

(2)知己知彼,方能百战百胜。应掌握快速准确的作战信息,发动当地的民众,和朝廷军队共同打击叛军(朝廷军队孤军深入,对当地的各种情况都不熟悉)。

(3)采用柔和战术,瓦解叛军。朝廷应下旨大肆宣扬这次剿灭叛军只针对吴元济,他是蓄意谋反,朝廷是正义之师,于情于理都应该教训他。同时告诫他那些同伙,别跟着这小子胡闹,否则吃亏的是你们自己。

(4)严惩带头闹事的。所谓擒贼先擒王、枪打出头鸟就是这个意思。对于一干不可一世的人渣,就应该先狠狠打击为首的人,为首的被收拾了,其他凑热闹的还怎么瞎起哄?

韩愈的这道奏折对当时政治军事格局的分析相当到位。难怪林云铭在《韩文起》中称赞韩愈"可谓料敌如神,非文士纸上谈兵套语"。所以,朝廷任命韩愈为行军司马,参与这次剿灭叛军的军事行动也在情理之中。

朝廷大获全胜。韩愈在其中起了什么作用呢?

韩愈协调裴度开展军事行动,避免了内部不和。这个任务不是谁都能完成的,韩愈完成得很好。唐宪宗最初下令讨伐叛军时,曾任命韩弘为淮西行营兵马都统,负责讨伐叛军的军政事务。因韩弘战果不利,才又派裴度做淮西宣慰招讨处置使,跟韩弘的职责差不多。这样一来,就涉及怎么协调裴度与韩弘两人的关系,以及怎么分工、怎么协调军事行动等一系列棘手的问题。

韩愈早就想到了这一点,他亲自赴汴州跟韩弘见面,讲明其中的利害关系,希望他能配合好裴度的整体军事行动。韩弘听取韩愈的意见了吗?皇甫湜在《韩文公神道碑》里说,韩弘"悦用命"("出关趋汴,说都统弘,弘悦用命")。其实,裴度本人也很担心他跟韩弘的关系处理不好,但经过韩愈,妥善地解决了此事。可见,韩愈不是那种"光说不练假把式"的文人,而是能说也能做的超级人才。他不仅避免了不必要的内耗,且增强了凝聚力,军队的战斗力也得到了提高。

韩愈能快速准确地获取军事情报,并即刻提出作战方案。韩愈得知蔡州城内守备空虚,提出利用精兵奇袭蔡州的军事行动建议——这跟当时著名的军事将领李愬的情报和建议是一致的,且两人的作战计划也是一样的——奇袭蔡州城,韩愈还先人一步。这说明韩愈有独到的战略眼光以及快速获取军事情报的能力。最终,实施者李愬为奇袭蔡州城的计划画上了圆满的句号,活捉了吴元济。

韩愈动用智慧策略,不费一兵一卒,令成德节度使王承宗归顺朝廷。吴元济被收拾后,还剩下王承宗和李师道。如何瓦解这两人的势力呢?韩愈说李师道这个人是"王八吃秤砣,铁了心"要跟朝廷对着干,属于典型的顽固派。咱们先不收拾他,等养精蓄锐后再把他给彻底收拾了。但王承宗不一样,此人性格善变,跟墙头草差不多,现在他看见朝廷军队大获全胜,他多半要跟皇上提出归顺的请求。如果此时能再从中推波助澜一下,那成功自然是小菜一碟。

韩愈的这个分析有道理吗?有!因为派人去劝降后,果然不出韩愈所料,王承宗表示愿意归顺朝廷,并将自己的地盘划出两个州给朝廷。韩愈的这个策略实在是厉害,既避免了流血事件,又能将叛军降服。韩愈写了一首名为《次潼关先寄张十二阁老使君》的诗来庆贺,

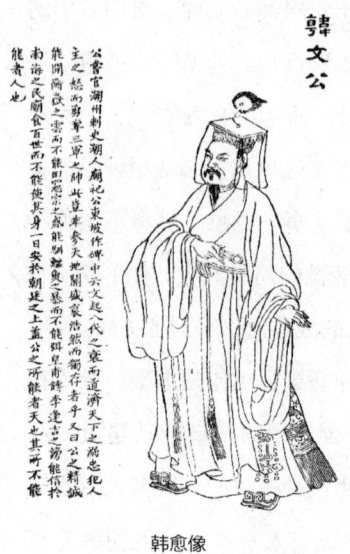

韩愈像

他写道:"荆山已去华山来,日出潼关四扇开。刺史莫辞迎候远,相公亲破蔡州回。"韩愈回京后又升官了,从五品到正四品,为刑部侍郎。

唐穆宗长庆二年(822),镇州发生兵乱,韩愈不顾个人安危深入虎狼之群,面对设甲士于庭的叛首王廷凑,严词斥之,并以利害晓谕他们归服中央。苏轼在《潮州韩文公庙碑》说,韩愈"勇夺三军之帅"指的就是这件事。之后,韩愈被朝廷任命为吏部侍郎。这还不是韩愈做的最大官,他之后还做过京兆尹兼御史大夫。唐穆宗长庆四年(824)十二月二日,韩愈病死在长安,时年57岁。

纵观韩愈的一生,苏轼的评价最为准确:"文起八代之衰,道济天下之溺,忠犯人主之怒,勇夺三军之帅。"唐宋八大家中,韩愈被列为之首,不仅是时间顺序的缘故,更重要的是他在文学、教育、政治等方面的光辉贡献。

4

韩愈的死到底是怎么一回事呢?这就需要再次说到韩愈的经济问题。

韩愈的官越来越大，自然收入越来越高，甚至开始向人炫起富来了。比如《示儿》一诗中，韩愈这样写道：

中堂高且新，四时登牢蔬。前荣馔宾亲，冠婚之所于。庭内无所有，高树八九株。有藤娄络之，春华夏阴敷。东堂坐见山，云风相吹嘘。松果连南亭，外有瓜芋区。西偏屋不多，槐榆翳空虚。山鸟旦夕鸣，有类涧谷居。主妇治北堂，膳服适戚疏。

韩愈在这首诗中说，他在京城买了一套超大规模的宅院，里面有中堂、北堂、南堂，分别用来祭祀祖先、宴请宾客、行婚冠礼、烹饪作食和仆人住房。另外还有一个大的庭院，环境特别好，有树有花有鸟。京城这样繁华高消费的地方，能够像韩愈这样一掷千金的官员掰着手指也数得清。据说，当时连工部尚书那样的政府高官都买不起房，有很多官员还是住在官舍里，甚至还有租房住的。

韩愈为什么能买得起、住得起、养得起这豪华住宅？他除了有俸禄之外，还靠文章挣了不少钱。《谢许受韩弘物状》中写到，他收到了"五百匹绢"作为酬劳。五百匹绢，按当时的物价算，韩愈一篇文章的酬劳为40万，等于400贯钱，可以买10000斤盐、800石米。这么多的收入还只是一篇文章所得，韩愈到底写了多少这样的文章呢？太多了！

韩愈的文章如此值钱，他自然是"韩信点兵，多多益善"，来者不拒了。有了钱的韩愈出手也大方起来，曾把自己的俸禄100贯钱捐献出来作为学生的生活费用。孟郊死后，韩愈等人送了"百贯"。朋友没钱了只要开口，他二话不说，钱拿去用就是了。韩愈还出钱修寺庙，买别院，经常和张籍、贾岛等文人朋友一起相约下棋、写诗等。

韩愈有钱，享受是应该，但可悲的是，韩愈却因此而丧了命。这是怎么一回事呢？根据陶谷《清异录》的记载："昌黎公逾晚年颇亲脂粉，故事服食；用硫黄末搅粥饭，啖鸡男，不使交，千日，烹庖，名'火灵库'，公间日进一只焉。始亦见功，终致绝命。"

《清异录》的这段记载是什么意思呢？韩愈晚年时，生活也日渐淫靡奢侈起来。为了有体力享受生活，他开始服用丹药，把硫黄拌在饭里喂养小公鸡，等到1000天后每日煮食一只。韩愈以为通过动物的转化功能，毒性就没了。实际上，毒性还存在。

结果自然就出问题了。出了什么问题呢？白居易在《思旧》一诗中说漏了嘴："退之服硫黄，一病讫不痊。"韩愈吃了这些鸡后生病了，且无法医治。在韩愈晚年的作品《寄随州周员外》中，他亲口说："金丹别后知传得，乞取刀圭治病身。"这说明了什么？说明韩愈晚年因服丹药得了病。换句话说，韩愈是吃了丹药的。

需要说明的是，韩愈本来是很反对丹药的。他还写过文章进行评判，如《谢自然诗》《太学博士李君墓志铭》等。

从授药法，服之，往往下血。比四年，病益急，乃死……余不知服食说自何世起，杀人不可计，而世慕尚之益至，此其惑也。在文书所记及耳闻相传者不说，今直取目见亲与之游而以药败者六七公，以为世诫。（《太学博士李君墓志铭》）

可惜，这样一个清楚丹药之害的人，最终却死在了丹药之毒上。对于韩愈的死因，在《韩文公神道碑》和《韩文公墓铭》中都没有说明。这里特意提出这个问题加以说明，是想指出"饱暖思淫欲"，这话确实是大有道理的。

8. 独钓寒江雪，硬骨头的人生才过瘾
——柳宗元

柳宗元（773—819），字子厚，因祖籍河东（今山西省永济市），故世称"柳河东"；又因官终柳州刺史，亦称"柳柳州"；唐代文学家、哲学家、散文家和思想家，唐代古文运动倡导者之一，"唐宋八大家"之一。他与韩愈并称"韩柳"，与刘禹锡并称"刘柳"，与王维、孟浩然、韦应物并称"王孟韦柳"。

柳宗元留诗164首，文数百篇，其古文成就大于诗。其诗抑郁悲愤、幽峭峻郁，自成一路；其文或情深意远、疏淡峻洁，或讽刺辛辣、嬉笑怒骂。他一生遭贬，却政绩卓著，皆因其风骨人生和革新思想使然。

1

柳宗元这个人就是骨头太硬，或许也因此才过早地离开了人世。柳宗元去世时年仅47岁，按"人生七十古来稀"的说法，柳宗元不

过才走了一半多的生命路程而已。在这么短的生命时间里,他的"硬骨头"又是如何彰显于那个动乱年代的呢?

要解开这个谜团,就让我们从他那篇脍炙人口的五言绝句《江雪》说起吧。

千山鸟飞绝,万径人踪灭。孤舟蓑笠翁,独钓寒江雪。

这首诗,勾画出一个孤零零的老人披着蓑衣,在江上独钓的冷色调画面,给人一种空旷、幽冷、孤寂的感觉。甚至会让人的内心产生一种肃然凄凉之感,当然这跟读诗之人的心境有关。但最主要的原因是,在这首名为《江雪》的诗背后隐藏了一个诗人、一个知识精英的悲剧人生。

《寒江独钓图》,南宋,马远

柳宗元到底是怎样的一个人，为什么他身上会有"硬骨头"这个概念呢？柳宗元凭什么敢硬？他又硬在何处？

首先，柳宗元的家族非常厉害。从春秋时期到隋唐之际，柳氏家族一直有人在朝中任重要职务，不是大将军就是大都督之类的，最小的也是一个刺史。柳氏曾与薛氏、裴氏这三大家族并称为河东三望族。对此，元稹就说过"柳、薛、裴共称为河东三著姓"。这个河东望族厉害到什么程度呢？柳宗元自己说："人咸言吾宗宜硕大，有积德焉。在高宗朝，并居尚书省二十二人。"柳氏家族辉煌时，在唐高宗时仅尚书省的重要官员就有22人，这几乎等于整个尚书省基本都是他们柳家的了。不仅如此，柳宗元的高伯祖柳奭还是唐高宗时期的宰相。有如此显赫的家族历史，虽然到了柳宗元这一代已经没落了，但其底蕴足以支撑他"硬"下去。

柳宗元在他年少的时候就已经非常了不得了。唐德宗贞元元年（785），藩镇将领李怀光反了朝廷，之后又被朝廷干掉了。

解决了一个叛将，让唐德宗的心里很舒坦，下面做臣子地也随之准备歌功颂德。一个姓崔的臣子为了表示祝贺，打算借此事大做文章，想请"枪手"代笔，然后找到了柳宗元。

这时的柳宗元才13岁，代笔写的这篇文章叫《为崔中丞贺平李怀光表》。

在这篇文章里柳宗元痛斥了李怀光，说这个人就是一个野蛮人，跳梁小丑，天下的老百姓都这么说。皇上信任你，委于重任，你却恩将仇报，心怀异心，真是禽兽不如啊！别以为你曾经战功显赫，其实那都是你吹的，你就是一个有勇无谋的粗人。不知道你还记得不，有一次，你率军队前往杀敌，结果一年了都没有成功。这叫有本事吗？

自己失败就得了，还让皇上跟着你受苦，连家都不敢要了，从长安逃亡到咸阳、奉天、梁州。可后来你为什么又打胜仗，让狡猾的盗贼兵败撤离，奉天之围被解呢？我要澄清这个事实，这根本就不是你李怀光的计谋，而是天意如此，是正义的力量在起作用。

柳宗元的这篇《为崔中丞贺平李怀光表》全文残缺不全，有人认为是当时柳宗元还年轻，写到一半后剩下的就没有完成。另外一种观点，认为剩下的那部分可能是涉及敏感内容，恐统治者不满，后来收编的时候被删节了。

韩愈在《柳子厚墓志铭》中对柳宗元的少年时期做过精辟的评价："子厚少精敏，无不通达。逮其父时，虽年少，已自成人，能取进士第，崭然见头角……诸公要人，争欲令出我门下，交口荐誉之。"

韩愈认为柳宗元在很小的时候就是一个敏捷细腻聪慧之人，没有他不懂的道理，也没有他不知道的事情，且已经具备成人的处世能力了。不仅如此，柳宗元21岁就考上了进士，并且开始崭露头角。

柳宗元26岁就通过了博学鸿词科考试，授集贤殿正字。根据《新唐书·百官志》的记载，集贤殿书院正字乃官名，从九品上，负责编校典籍，刊正文字。

柳宗元对经史子集百家著作了如指掌，每次要发议论的时候，他总是旁征博引，做到有理有据，密不透风，在跟别人进行辩论的时候，不把对方辩倒绝不罢休。这样满腹经纶、意气风发、霸气外露的一个人，时常让很多人折服不已。柳宗元因此而声名大噪，引来粉丝一大堆，很多王公大臣也争着想要将柳宗元收为自己的弟子门生，并极力推荐他。

8. 独钓寒江雪，硬骨头的人生才过瘾——柳宗元

柳宗元像

科举考试在柳宗元眼里，就是小儿科，跟自己的远大志向相比简直是小菜一碟。在给一名姓崔的高官写信的时候，柳宗元就旗帜鲜明地显露了这一点："有爱锥刀者，以举是科为悦者也……苟成其名，于远大者何补焉。"（《上大理崔大卿应制举不敏启》）

柳宗元说，这读书人的喜好各不相同，有的人喜欢卖弄文字，有的人喜欢拉帮结派、拓展地盘，有的人对那些权势地位羡慕得流口水，有的人则以政治理想为己任。我认为只有最后一种读书目的才是最好的，我为有这样的人感到高兴。换句话说，科举考试其实没什么价值，只要自己真的有料，不是草包一个，轻而易举就能过了。再者，就算我通过了考试，我也不会沾沾自喜；落榜了，我也不会颓废

不已。即便我通过考试而一举成名了,对于我的远大志向而言,又有什么特别的助益呢?

由此可见,柳宗元在年少时期的科举仕途挺顺利的,没有受过什么挫折,没有走过多少弯路。柳宗元29岁时又升官了,担任京兆府蓝田县的县尉,但因为京兆尹觉得柳宗元这个人太有才了,就破例把他留在了自己身边,协助处理公文。两年后,31岁的柳宗元又从正九品下升为正八品上,为监察御史里行,负责参与监察百官。一年多后,33岁的柳宗元又升任礼部员外郎,属于正六品上。

从26岁授集贤殿正字到33岁任礼部员外郎,在短短的七年时间里,柳宗元可谓平步青云。

你看,现在知道柳宗元为什么敢硬了吧!可能也正是因为柳宗元前期太顺风顺水了,面对后来多次被贬的打击时,才更难以承受吧。

柳宗元为什么能这样顺风顺水?除了宗族和自身因素外,也与当时的政治环境很有关系。唐德宗上位后,接手的就是一个烂摊子,朝政存在的问题实在是太多了:外有地方藩镇之乱此起彼伏,内有朝臣的阳奉阴违。

在这样的环境下,很多像柳宗元这样的年轻有为之士,纷纷要求改革,希望能重振朝纲,再现大唐当年的声威。柳宗元考上进士后,认识了两个相当厉害的人物。其中一个是柳宗元的同科进士、《陋室铭》的作者刘禹锡。另外一个人是通过刘禹锡介绍认识的,侍棋待诏、太子伴读王叔文。

柳宗元和刘禹锡考上进士的时候,王叔文已跟随太子李诵差不多有10年了,深得太子的信任,为太子解了很多难题。《新唐书》记载:"太子曰:'寡人方欲谏之。'众皆称赞,叔文独无言。既退,独留叔文,问其故。对曰:'太子职当侍膳问安,不宜言外事。陛下在位久，如疑太子收人心，何以自解？'太子大惊，因泣曰：'非先生，寡人何以知此？'遂大爱幸。"

一次，为了凸显自己的能力，李诵跟身边的人商量着准备给皇上的朝政提点意见。大家都挺踊跃的，只有王叔文一个人沉默不语。下来后，李诵就问他怎么不说话呢？王叔文说，如今的皇上猜疑心很重，作为儿子你应该多关心他的身体，为什么要急着去提那些朝政意见呢？弄不好，他会怀疑你的动机，你这不是给自己找麻烦吗？李诵一听，顿时恍然大悟，流着眼泪说，你真是我的救命之人啊！要不是你，我肯定要吃大亏了。经过这件事，李诵对王叔文更加信任。

柳宗元、刘禹锡、王叔文这样志向远大的一批年轻人走到一起势必会有一番作为。

2

贞元二十一年（805），唐德宗病危。与此同时，太子李诵也病了，且病得不轻，患了中风，连话都说不出来。这让以王叔文为核心的革新集团坐不住了，他们计划着让太子李诵即位。

为了增强己方的力量，他们找到宦官李忠言、唐德宗身边的红人昭容牛美人帮忙，又联合了其他几位重要的大臣。最终使李诵成功即位，是为唐顺宗。唐顺宗一即位，王叔文和柳宗元、刘禹锡一干人等都受到重用。王叔文一人揽翰林学士、度支、盐铁转运副使三大要职，将财政大权紧紧抓住，然后开始大刀阔斧地进行改革，历史上将这次改革称为"永贞革新"。

永贞革新的内容主要有以下几点:

(1) 罢宫市以及五坊使。唐德宗以来,很多宦官经常借为皇宫采办物品为名在街市上以买物为名公开抢掠。五坊使又称"五坊小儿",即雕坊、鹘坊、鹞坊、鹰坊、狗坊。他们常以捕贡奉鸟雀为名,对百姓进行讹诈。宫市和五坊使的取消,势在必行。

(2) 严惩贪官。这个很好理解,贪官不除,祸害百出。革新派对此是深恶痛绝。

(3) 取消进奉。唐德宗时期,据说每年收到的来自藩镇和地方官员的进奉钱达50万缗。一些贪官借进奉为名大肆搜刮民财,百姓苦不堪言。革新派上台后规定除常贡外,不许有别的进奉。

(4) 削减宦官势力。自古宦官专权,祸及江山社稷。革新派也深知其中的道理,于是采取了一系列的措施,抑制他们的势力。一是裁减宫中闲杂人员,停发内侍郭忠政等19人的俸钱。二是革新派从宦官手中夺回禁军兵权。第一条成功实现了,第二条没能成功。

(5) 抑制藩镇。这个说白了就是要重建中央集权。

柳宗元在永贞革新中都做了些什么,或者说柳宗元在这次改革中起了什么样的作用?《资治通鉴》中有一段记载:"外当则韩泰、柳宗

《游骑图》,唐,佚名

元、刘禹锡等主采听外事。谋议唱和，日夜汲汲如狂。"韩泰、柳宗元、刘禹锡等人负责收集信息情报，探听舆论动向，为革新派改革提供一些依据来源。

革新派的一系列措施，让以俱文珍为首的宦官派坐不住了，他们便联合翰林学士郑絪以及李程、王涯等人直接面见唐顺宗，要求立李纯为太子。永贞元年（805）八月，李纯坐上了龙椅，史称唐宪宗。李纯为了掩饰其逼迫唐顺宗退位的不良动机，尊称唐顺宗为太上皇。当年，革新派的核心人物王叔文被贬为渝州司户，没过多久便被赐死。

柳宗元也未逃脱被贬的厄运，九月中旬时被贬到邵州任刺史，后又被贬到更为偏远的永州任司马。刘禹锡等其他革新派人物全都没逃掉被贬的厄运。

柳宗元再也没有能够回到朝廷，在被贬的永州和柳州凄惨地度过残生。此时，我们再回过头来读柳宗元的《江雪》，其中的凄凉和绝望，会体会得更明显。

"千山鸟飞绝"，重山之中，连一只鸟也没有，如此寂静，静得让人心颤；"万径人踪灭"，在这一条条道路中没有一个人，如此地荒凉，荒凉得让人觉得恐怖；"孤舟蓑笠翁"，在这没有鸟没有人的孤寂之地，只有一个披着蓑衣的老人孤独地坐在一只小舟上；"独钓寒江雪"，在一片苍茫的大雪中，自己一人垂钓于江上。

于是，我们不禁想柳宗元在钓什么？是鱼吗？他又真的可以在这荒无人烟的江上钓到鱼吗？也许这只是他孤寂无助心情的写照，他不过是在以钓鱼聊以自慰罢了。可就算是这样又有谁知道呢？柳宗元真的就被世人遗弃了吗？

《寒江独钓图》，明，沈周

3

柳宗元并没有被世人忘记,只是他在永州的日子十分地艰难。

我们先看《寄许京兆孟容书》一文的描述。柳宗元到了永州后曾给京兆尹孟容写信。信中他这样写道:"残骸余魂,百病所集,痞结伏积,不食自饱。或时寒热,水火互至,内消肌骨,非独瘴疠为也。"

从这段话里我们至少可以看出,柳宗元被贬到永州后过的日子可以说是水深火热。因为痞病,每天不吃饭肚子都是饱的;此外还忽冷忽热,应是瘴疠之气所致。

永州于楚为最南,状与越相类。仆闷即出游,游复多恐。涉野则有蝮虺大蜂,仰空视地,寸步劳倦;近水即畏射工沙虱,含怒窃发,中人形影,动成疮痏。(《与李翰林建书》)

那地方一眼望去都是害虫,野外是蝮虺、大蜂,水边又是射工、沙虱子之类,一不留神还会长疮。环境已经如此恶劣,可老天爷还跟他过不去,在永州的前五年,有四次遭受火灾,每次柳宗元都光脚逃出来,家里烧得只剩下黑乎乎的墙壁。

柳宗元的房子怎么这么不禁折腾呢?原来,柳宗元被贬到永州,虽然名义上还是一个六品官,但这个"永州司马员外置同正员"的六品官实在是不怎么样。所谓员外置就是编外的意思。说白了,在永州这个偏僻得出奇的地方,编外司马就是一个闲职,是不能干预政务的。再者,柳宗元还是戴罪之人。因此他在永州没有实权,也没有可居住的公家住房。

没有房子可住,柳宗元只能住在一座荒凉的破庙里。晴天还好,

永州西山

要是遇到雨天那简直没法住。永州的建筑大多为竹制材料。用这样的材料搭建的房子能有多牢靠呢？要是被大火一烧，还不化为灰烬？据说，当时这里的人口居然不到4000人。也难怪柳宗元要说"万径人踪灭"了。

柳宗元认为不仅自己身体有病，心里面也有病。何以见得？"非独瘴疠为也"就是最好的说明。柳宗元心里到底有什么病呢？他心里认为自己没有罪,但偏偏又被人判为有罪,很多人都不理解他。这是一个心态问题,如果柳宗元他不那么"硬",他的日子会不会好过一点?我们来看柳宗元的内心真实想法,在《寄许京兆孟容书》中他这样写道:"伏念得罪以来五年,未尝有旧故大臣肯以书见及者。何则?罪谤交积,群疑当道,诚可怪而畏也。"

我柳宗元有什么罪啊!改革又有什么错?自从我被贬五年以来,从来没有一个人给我写过一封信,这都什么世道啊!有谁会冒险来结交一个获罪之人呢?他们早就躲得没影儿了。

在《与杨京兆凭书》一文中,他写道:"每闻人大言,则蹶气震怖,抚心按胆,不能自止。"柳宗元到永州很长一段时间,都没缓过气来,一听到有人大声说话,他就心跳加速,脸色发白,腿打哆嗦。

病痛缠身,身心交瘁的柳宗元身体状况愈来愈差,头发一天比一天少,神色憔悴,一阵风似乎都可以把他吹倒。柳宗元可能也感觉到自己时日不久,他心中的恐惧益发严重起来。

柳宗元在害怕什么?他的后代问题。像柳宗元这样有名气的人,怎么会纠结于这种个人问题呢?

自以得姓来二千五百年,代为冢嗣。今抱非常之罪,居夷獠之乡,卑湿昏雾,恐一日填委沟壑,旷坠先绪,以是恒然痛恨,心骨沸热。茕茕孤立,未有子息。(《寄许京兆孟容书》)

柳宗元说他们柳家自有姓以来已有2500年的历史了,一代一代都有嫡传长子相传。如今我柳宗元被贬到这荒凉偏僻的地方,身体一天比一天差,我害怕不知道哪一天突然断气,柳家的香火就没了。一想到这里,心情就非常的忧伤痛恨。我现在没有孩子,柳家就要断后了,我该怎么办啊!

想想确实如此，一个历史悠久的大家族如今就要断在自己手里，柳宗元这种害怕也算是情理之中。

柳宗元难道就没有结过婚，没有生过孩子？

柳宗元在24岁时曾经娶了弘农杨氏女（中原名门望族），因难产母子双亡，这是柳宗元心中的一大隐痛。此后10多年，柳宗元都没有再娶妻。

柳宗元死后，韩愈在给他写的墓志铭中提到柳宗元有后，而且有两个男孩和两个女孩。男孩一个叫周六，一个叫周七，周七是柳宗元死后才出生的。"子男二人，长曰周六，始四岁；季曰周七，子厚卒乃生；女子二人，皆幼。"（《柳子厚墓志铭》）

柳宗元的后代一直是由他的好友刘禹锡抚养。柳宗元的儿子柳告在唐懿宗咸通四年（863）通过了科举考试，考了个第三名。这一年科举考试一共录取25人，柳告能考到第三确实了得，同时也表明刘禹锡不负所托。

4

柳宗元被贬到永州后，再没有被召回的可能了吗？

没有！因为他过早地去世了，自然就再也没有翻身的机会了；当然，也因为他骨头太硬，让皇帝都对他恨之入骨。

唐宪宗对柳宗元到底有多恨呢？柳宗元想要重回朝廷，需要一个人点头允许才行，这个人不是别人，正是唐宪宗。

唐宪宗对革新派的几个人是真的很不喜欢、甚至痛恨。他登基的第二年，短短几个月的时间，曾经三次大赦天下，但革新派的人都不包含在内，他甚至还专门下了一道诏书。《旧唐书·宪宗本纪》中有记载："左降官韦执谊、韩泰、陈谏、柳宗元、刘禹锡、韩晔、凌准、程异等八人，纵逢恩赦，不在量移之限。"

这道诏书对柳宗元而言意味着什么呢？意味着永远不可被赦免。唐宪宗元和九年（814），唐宪宗突然有了一丝怜悯之心，想将当年被贬的柳宗元、刘禹锡等8人召回启用。柳宗元听说这个消息自然挺高兴的。但刘禹锡认为这不过是唐宪宗的虚情假意，还写了一首暗讽唐宪宗的诗，诗名为《元和十年自朗州承召至京戏赠看花诸君子》："紫陌红尘拂面来，无人不道看花回。玄都观里桃千树，尽是刘郎去后栽。"

这首诗表达什么意思呢？我刘禹锡回到了长安，来到了著名的玄都观，无数人扬起的尘埃扑面而来——他们都说是来看桃花的。我走进玄都观一看，里面竟然有上千株桃树，想必都是在我刘禹锡被贬之后才栽的吧！

这首诗的特别之处就在于最后一句：你们这帮被称之为君子的人还不是趁我被贬了之后占了便宜，才有了今天的飞黄腾达。想当年我们8个人多威风啊！你们现在说什么召回朝廷，重新启用，这不是笑话嘛！我们8个人可是你们这些君子的死敌呢？

果然，这首诗立刻引起了轩然大波。唐宪宗气得不得了，马上下了一道令，给我贬！贬！狠狠地贬！

刘禹锡这次是最惨的一个，要被贬到播州做刺史，播州在当时人口不足500户。刘禹锡也害怕不已，惊慌失措，要知道当时他的母亲已经80多岁了，去播州只怕是有去无回。这时候柳宗元站出来了，他被贬的地方是柳州，人口也不多，大概六七千人，比播州好一点。他给唐宪宗上书，说自己愿意跟刘禹锡互换。

刘禹锡的运气挺好，御史中丞裴度开口说话了，他也跟唐宪宗说这样惩罚刘禹锡实在是太重了，希望看在刘禹锡年老母亲的分上重新发落。见唐宪宗不同意，裴度又说，皇上您现在不是在皇太后身边尽孝吗？天下人都以您为榜样，那您也应该对刘禹锡有所怜悯才是。唐宪宗这才松了口，改判刘禹锡为连州刺史。柳宗元可没这么幸运，仍然被贬到柳州。

这次被贬柳州，也真的成了柳宗元的不归之旅。

5

柳宗元在柳州期间是怎样度过的呢？可以说，柳宗元真正的好文章都是在被贬之后才写出来的。

柳宗元有一篇文章我们非常熟悉，就是著名的《捕蛇者说》："永州之野产异蛇，黑质而白章；触草木尽死；以啮人，无御之者……余闻而愈悲，孔子曰：'苛政猛于虎也。'吾尝疑乎是，今以蒋氏观之，犹信。"

柳宗元说在永州这个地方盛产一种黑底白花的异蛇，这种蛇虽然剧毒无比，却也是世间罕见的治病良药，可以治疗大风、挛踠、瘘、疠等恶性疾病，还可以去除坏死的肌肉，杀死人体内的寄生虫。这样剧毒无比的蛇，永州的老百姓却都争着去捉，因为捉到这样的蛇就可以免交各种租税。

有蒋姓一家三代都是干捕蛇这种差事的，爷爷和父亲都死在这差事上，他干这差事也有12个年头了，有好几次差点儿死去。但即便如此，做这差事也比上交租税好多了。

蒋氏解释说，以前跟我爷爷一起的邻居，如今十户当中不足一户了；跟我父亲生活在一起的邻居，如今十户当中不足两三户了；跟我生活在一起的邻居，如今十户当中不足四五户了。为什么会这样呢？他们不是全家死了，就是迁走了，唯独我靠捕蛇而活了下来。那些凶暴残厉的官吏来到我们这个地方，四处狂喊乱叫，到处骚扰毁坏，气势汹汹，惊骇乡里，就连鸡狗都不得安宁啊！每当这个时候，我就担心地看看瓦罐，蛇还在里面我就放心了。对于我抓来的蛇，我要小心地喂养，到时候把它送上去交差。差一交，我回家后就能有滋有味地吃着田地里出产的东西，来过完我这一辈子。一年当中冒死的情况只有两次，剩下的时间我都可以快快乐乐地过日子。哪像我的乡邻们天天都有死亡的危险，比起他们来，我算是活得够长的了。

柳宗元听了不禁感慨，孔子说"苛政猛于虎也"，以前我还不相信，现在我信了啊！这残酷暴虐当道的政治、政策，还有那执行者政策的人，真是比毒蛇还毒。

《捕蛇者说》直接击中这个时期的唐朝弊端——苛政猛于虎。

柳宗元还在文中特意注明"以俟夫观人风者得焉"，等着那些考察民情的人看到这篇文章。

如果说《捕蛇者说》是无情地揭露，那柳宗元的《种树郭橐驼传》则是讽刺那些看起来是君子的无耻小人。"郭橐驼，不知始何名。病偻集资，隆然伏行，有类橐驼者，故乡人号之'驼'……问者嘻曰：'不亦善夫！吾问养树，得养人术。'传其事以为官戒也。"柳宗元在这篇文章里讲述了小人物郭橐驼。因为特别会种树，长安城里的那些要修建用于观赏游览的园林的达官贵人以及卖水果的商人，都争相迎请雇用他，并以好酒好肉款待。郭橐骆所种植的树木或者移栽的树木没有不成活的，而且高大茂盛，果实结得又早又多。其他种树的人尽管偷偷地察看仿效，却都不能赶上他。

有人就感到很奇怪，问郭橐骆为什么种树如此在行。郭橐驼回答说："橐驼非能使木寿且孳也，能顺木之天以致其性焉尔。"什么意思呢？郭橐驼说我只不过是能够顺应树木自然生长的规律罢了。如何能顺应树木自然生长的规律呢？郭橐驼又说，种树的要诀是要养好树根，不能让树根遭到一丁点儿破坏，要让它舒展；移栽树木要保留根部的旧土，培土要均匀，捣土要细密。做完这些工作后就不要再去管它了，要不会妨害树木的生长。别人为什么就不行呢？原因很简单，他做不到像我一样。比如看到树根有点儿弯曲就换上新土，培土不是多了就是少了；早晨去看看这树长得怎样了，晚上又摸摸，已经离开了还要回头看一下；还有用手指抓破树皮来检验树死活的，使劲摇动树干来观察树栽得是否紧密。正所谓"虽曰爱之，其实害之；虽曰忧之，其实仇之"。如此折腾一棵树，还让树怎么活呀？

有人就问了，把你这种树的道理用在为官治民上有没有效果呢？郭橐驼笑呵呵地说，我只知道种树罢了，为官治民不是我的专长。但在我的家乡，我看到那些官吏喜欢不断地发布各种命令，看起来好像很爱惜百姓，但最后反造成了灾祸。每天早晚，差吏来到村中喊叫：官长命令催促你们耕田，勉励你们播种，督促你们收割；早点儿缲好你们的丝，早点儿纺好你们的线；抚育好你们幼小的子女，喂养好你们的鸡和猪。我们刚刚端起饭碗，就被他们敲着梆子

柳宗元《登柳州峨山》诗意图

集合；我们还没把饭吃到嘴里，鼓声又响了，说是要开会了。我们光是应付这些事都顾不过来，哪里还有时间顾得上种庄稼呢？长此以往，大家不是病了，就是懈怠了。像这样，不是跟我这一行很相似吗？

在《捕蛇者说》里，柳宗元将朝廷赤裸裸的暴政揭露得酣畅淋漓；而在《种树郭橐驼传》里，柳宗元则"温情地"讽刺那些看起来是君子的无耻小人、无能的朝廷。为什么这样说？这些人表面上看起来非常正派，非常勤政，非常关心老百姓。但实际上呢？他们的管理非常死板，非常烦琐。压根就没把老百姓当人看，说穿了，这仍然是一种暴政，一种被"温和光环"掩饰的暴政。如果我们将《捕蛇者说》和《种树郭橐驼传》结合在一起，可以发现，这两篇文章真是珠联璧合，实在是寓意深远。

柳宗元在被贬期间，写了不少这样的文章。比如《梓人传》《临江之麋》《黔之驴》《永某氏之鼠》《罴说》《宋清传》《段太尉逸事状》《河间传》……这些作品如匕首、如投枪、如刀刺，实乃古代鲁迅也。

柳宗元在被贬期间也不是仅写文章，他在永州为司马、在柳州为刺史，都是有政绩的。唐朝是禁止买卖奴隶、贩卖人口的。在柳州时，柳宗元曾有效遏制当地贩卖人口的恶劣行径，并发布政令要求释放奴婢。为了使得这一政令顺利执行，柳宗元还制定了一套释放奴婢的办法，规定已经沦为奴婢的人，在为债主服役期间，都可以按劳动时间折算工钱，抵完债后就可以恢复人身自由。这一举政令自执行后，广受欢迎，后来推行到柳州以外的州县。

柳宗元还在柳州大力兴办和发展文化教育事业。他亲自创办了很多学堂，采取各种方法鼓励小孩积极念书；他也接受青年学子的拜访，对他们循循善诱；他还推广医学，培养医学人才。此外，他还组织民众开垦荒地，发展农业生产，使柳州可耕种土地面积大增，仅大云寺一处垦出的荒地就种下了竹子三万竿，种菜百畦。

柳宗元以他的硬骨头，硬是在这偏远荒凉之地打造出了一片新天地。

6

柳宗元最后的结局如何呢?只能用"悲剧"二字来形容。

柳宗元是病死在柳州的,他到柳州后就再也没回到长安。被贬到环境如此恶劣的地方,对柳宗元的身体健康造成了严重的伤害,也让柳宗元的政治抱负未能实现。在身体饱受病痛折磨的同时,还要忍受政治上的不得志,柳宗元的内心深处也难免积聚郁闷、哀伤、无助等负面的情感,这些因素积在一起,最终让柳宗元早早离世而去。

柳宗元死后连一口棺木都置办不起,还是他的上司裴行立给筹措了丧葬费用。想想,一个刺史死后连棺材都买不起,这是何等的凄凉!我们常说读史如读心,写到此处,不免让人掉下伤心之泪。柳宗元死后,他的哥们刘禹锡主动承担了抚养其后代的责任,还邀请大名鼎鼎的韩愈给他写墓志铭。

柳宗元就这样走完了他的一生。但他的友人刘禹锡还活着,活得很好。如果柳宗元也能保持良好的心态,让身体最大限度地保持健康,或许他最终的命运也将不同。

事实真的是这样。刘禹锡在唐宪宗死后,被调往四川做官,后来又先后在长安、洛阳、苏州做官,官位越来越高,担任过秘书监、检校礼部尚书、太子宾客,官居三品大员。

刘禹锡活了71岁,打破了"人生七十古来稀"的说法。刘禹锡的寿终正寝无疑是对那些当年迫害他们的无耻小人的最大讽刺。

当年一首关于桃花的诗让他们再次被贬,57岁的刘禹锡再次写了一首关于桃花的诗,名为《再游玄都观》:"百亩庭中半是苔,桃花净尽菜花开。种桃道士归何处,前度刘郎今又来。"

一句"前度刘郎今又来"无疑是对前尘往事的最好回应。

9. 满腹才华,终究是山月不知心里事
——温庭筠

温庭筠(约812—866),原名岐,字飞卿,太原祁县(今属山西)人,唐代诗人、词人。

温庭筠出身于没落贵族家庭,为唐初宰相温彦博后裔,因每入试押官韵,八叉手而成八韵,故有"温八叉"或"温八吟"之称。然恃才不羁,又好讥刺权贵,多犯忌讳,因此得罪权贵,屡试不第,一生坎坷,终身潦倒。温庭筠精通音律,诗词兼工。诗与李商隐齐名,并称"温李";词与韦庄齐名,并称"温韦"。其词今存七十余首,收录于《花间集》《金荃词》等书中,有"花间词祖"的称号。

1

温庭筠的出生地,史书记载不一:《旧唐书》中说他是太原人,《新唐书》则说他是并州祁人,而《元和姓纂》中的记载是太原祁县人。此外,还有其他一些记载。

温庭筠的实际出生地到底在何处呢？根据《温庭筠传订补》以及温庭筠的诗作综合推断，应该是在吴中。开成五年（840）寓居在长安鄠县，温庭筠曾在《书怀百韵》诗题中写"开成五年秋以抱疾郊野"，而诗的正文则说"穷郊独向隅""事迫离幽墅"。这里的"郊野""穷郊"以及"幽墅"都是指长安西南鄠县的郊外。温庭筠对居住在此地的日子比较怀念，甚至到咸通二年（861），从他的诗作中依然可以看出他居住在鄠县，如《渚宫晚春寄秦地友人》一诗。

除了出塞、游蜀、东归吴中以及寄幕等外，温庭筠的一生大部分时间都居住在鄠郊。从时间上看，温庭筠似乎过的都是那种"足不出鄠郊"的日子，他又如何能名成天下呢？

为了解开这个谜团，我们需要做一番分析。

温庭筠的家世还是挺牛的。在《书怀百韵》中，温庭筠毫不掩饰地透露出自己是大唐宰相温彦博的后裔，并说他们温家曾经在并州、汾阳一带有封地。这都是大唐初期的事了，对身在晚唐的他来说，当年的荣耀已没有多少光辉。因他曾在吴中居住过较长时间，可以发现他的创作有很重的南方情结。

事实上，不仅是温庭筠本人，整个晚唐前期的诗歌特质都有着浓郁的南方情结。像李商隐、杜牧、张祜、许浑等诗人，都有着较为明显的南方情结，尽管诗风存在着差异。张祜更是与江南结下了不解之缘，这与他的生活经历密不可分。

温庭筠的江南情结，主要表现在他诗词创作中绮艳、清丽的特质。这也是温庭筠青少年时期久居江南的真实写照。

我们再来看温庭筠的相貌。根据《旧唐书》的记载，温庭筠的相貌奇特。为什么要这样说呢？仅看当时人们送他的雅号就知道了——

9.满腹才华，终究是山月不知心里事——温庭筠

温钟馗，温庭筠是何模样也就不难猜了。一些相貌不佳的才子，命运往往都比较坎坷，温庭筠也不例外。

温庭筠的"雅号"不止这一个。《北梦琐言》里记载"才思艳丽，工于小赋，每入试，押官韵作赋，凡八叉手而八韵成"（《孙光宪·北梦琐言》）。温庭筠因此又名温八叉。《北梦琐言》是晚唐五代时期的一部笔记小说。温庭筠的"雅号"都被写到笔记小说里了，可见他的相貌在当时的受关注程度。

更不可思议的是，温庭筠的"八叉"绝技只在考试的时候出现，平常很难见到。

《钟馗图》，清，任熊

温庭筠明明有考试的天赋，为何又总是屡试不第呢？无论从哪方面说，温庭筠都应该在考场上如鱼得水，功成名就才对。可是，我们读关于他的历史，甚至是野史，都说他考场失利，更让人想不通的是，他居然还曾被撵出考场。

温庭筠为什么在考场上一再受挫呢？

根据温庭筠的诗作可以看出，开成四年（839），温庭筠是准备去参加第二年礼部进士的考试的。《书怀百韵》中的自注"予去秋试京兆，荐名居其副"，《感旧陈请五十韵献淮南李仆射》中的自注"余尝忝京兆荐，荐名居其副"，这两条记载都明确说明温庭筠是参加过

京兆府的考试的，并且还因为考试合格被推荐到礼部参加第二年的进士考试。

那么，温庭筠的考试结果如何呢？他考了第二名。这就怪了，能拿到第二名，很不错呀！可是为什么第二年的考试又失败了呢？

根据《旧唐书》的说法，温庭筠有"游侠邪"之名，也确实爱干那些"游侠邪"之事。温庭筠的才华不容置疑，史书上说他刚到京城的时候很多人都很欣赏他，看好他，认为他是一个"苦心经营于笔砚之间，尤其擅长诗赋"的才子。但因为温庭筠在品性方面不为人称道，且不修边幅，再加上他填写了不少艳丽的歌词，又有裴诚、令狐缟之徒与他一起赌博饮酒，终日酣醉为乐，由此导致温庭筠多年考试不第。

但这只是温庭筠屡试不第的一种说法。更可信的一个说法是受到庄恪太子事件的影响。

开成三年（838），身为庄恪太子文学侍从的温庭筠曾随之一起宴游。有人认为温庭筠对庄恪太子起了不好的作用。

开成三年，上以皇太子宴游败度，不可教导，将议废黜……其日一更，太子归少阳院，以中人张克己、柏常心充少阳院使，如京使王少华、判官袁载和及品官、白身、内园小儿、宫人等数十人，连坐至死及剥色、流窜。"（《旧唐书·庄恪太子永传》）

唐文宗有了废太子之心，牵连受罚的有京使王少华、判官袁载和等数十人。这种不良影响甚至持续到了开成四年（839）十二月，而这一期间正好是各州府解送士子到礼部准备第二年参加考试的时间。

温庭筠先是"游侠邪"的声名远扬，又不修边幅；再后来在跟随庄恪太子期间使得太子"宴游败度"。前者是品质、生活作风问题，后者则涉及政治问题。这么一来，温庭筠被罢举黜落也在情理之中；之后到开成五年（840）秋天，温庭筠的京兆府考试资格也被取消了。

遭受如此打击的温庭筠将去向何处呢？

为避免受到更大的打击，温庭筠决定远离此地，回到故乡吴中。

温庭筠对吴中有着难舍的情结，就连在羁旅长安的岁月中也写了不少关于思归吴中之情的诗作。如"杏花落尽不归去，江上东风吹柳丝"（《温庭筠·长安春晚二首》），描写了吴中江上之景。又如"无限松江恨，烦君解钓丝"（《温庭筠·卢氏池上遇雨赠同游者》），表达了温庭筠想归吴中故乡过那钓鱼的生活却又不能的遗憾与烦恼。

2

回归吴中的旅程中，温庭筠不禁诗兴大发。

几年辛苦与君同，得失悲欢尽是空。犹喜故人先折桂，自怜羁客尚飘蓬。三春月照千山道，十日花开一夜风。知有杏园无路入，马前惆怅满枝红。（《温庭筠·春日将欲东归寄新及第苗绅先辈》）

苗绅是温庭筠的好朋友，于会昌元年（841）的春天考中进士。"几年辛苦与君同，得失悲欢尽是空"，指自己曾与苗绅一起寒窗苦读准备参加科举考试，但经历了种种得失悲欢却终成一场空。"犹喜故人先折桂，自怜羁客尚飘蓬"，温庭筠羡慕苗绅终于考上进士，感叹自己仍然像一个羁客一样漂泊。友人登高第一，一日看尽长安花。而自己虽然羡慕杏园的探花盛宴，却无计可入，只能惆怅独行，惆怅在那马前的满枝杏花而已。

温庭筠像

就这样,温庭筠带着几许惆怅行走在东归吴中的途中。

出了潼关,温庭筠沿着京洛大道东行到洛阳、汴州,然后乘船而下。在经过泗州下邳县时,他看到了陈琳的墓碑,写下《过陈琳墓》一诗。在这首诗里,温庭筠透露出自己想要入节度使幕府的意愿。当年韩愈也是这样做的。

年少的时候,温庭筠拜访过闲居在家的李绅,这大概是30年前的事了。30年后,李绅已经是权臣高官了。

此时的李绅是淮南的节度使,温庭筠为了能到他幕府下,在诗中极力颂扬赞誉。

温庭筠如愿进入到李绅的幕府中了吗?他在扬州停留了许久,并拜谒了扬州城内的孔融墓，写下《过孔北海墓十二韵》一诗。之后还陆续写了一些诗作，如《送淮阴孙令之官》《法云双桧》等。温庭筠入幕府一事终落空，无奈之下只能离开扬州渡江回归吴中。渡江后，温庭筠写下《溪上行》一诗。

"绿塘漾漾烟濛濛，张翰此来情不穷……心羡夕阳波上客，片时归梦钓船中。"根据《晋书·张翰传》的记载，张翰就是张季鹰，为齐王东曹掾。一天，他在京城洛阳看到秋风起，想到吴中的菰菜羹鲈鱼脍，说了"人生贵适意耳，何能羁宦数千里以要名爵"，然后就东归吴中了。温庭筠借用这个典故是为了说明自己此时的东归之意，那些功名利禄都是浮云，比不上家乡好啊！

到扬州时，温庭筠曾向淮南节度使李绅献诗（《感旧陈请五十韵献淮南李仆射》），表达了想要入幕府做事的愿望，只是最终落空了。无奈之下他只能离开扬州渡江回归吴中。

大约在会昌元年（841）的秋天，温庭筠终于回到阔别已久的吴中。温庭筠归乡后的感受如何呢？我们来看他作于此时的一首诗：

晴川通野陂，此地昔伤离。一去迹常在，独来心自知。鹭眠荻叶折，鱼静蓼花垂。无限高秋泪，扁舟极路岐。（《温庭筠·东归有怀》）

人们总说荣归故里，可对温庭筠而言，这次归乡更多的感受却是苦闷与哀伤，以及无奈与凄凉。

回到吴中居住了一段时间后，温庭筠开始漫游吴中的大好风光。大约在会昌二年（842）的春天，温庭筠先是从苏州到杭州，然后又去了越州。在这期间写有《钱塘曲》《苏小小歌》《河渎神》《题贺知章故居叠韵作》《宿一公精舍》等诗作、词作，抒发了自己怀才不遇的矛盾心情。

温庭筠绝不会甘心一直待在吴中。

会昌三年（843）的暮春，温庭筠离开吴中再次回到长安。回到长安的温庭筠在零郊闲居了一段时间，并在此期间创作了大量的作品，创作水平得到不小的提升。

《唐才子传》中说，有一段时期温庭筠跟相国令狐绹交往甚密，经常出入令狐相国的府中。当时，唐宣宗很喜欢唱《菩萨蛮》，令狐相国为讨皇帝的欢心，请温庭筠填写《菩萨蛮》词，然后以自己的名义进献给唐宣宗，并再三跟温庭筠说，千万不能让第二个人知道，但温庭筠不以为意，到处跟人说《菩萨蛮》是他代令狐相国填写的。

小山重叠金明灭，鬓云欲度香腮雪。懒起画蛾眉，弄妆梳洗迟。照花前后镜，花面交相映。新帖绣罗襦，双双金鹧鸪。

这首《菩萨蛮》读起来朗朗上口，颇有意境，给人很多遐想。词中，温庭筠对女性的容貌、服饰、体态进行了唯美的描绘，但其中的情感却是"无限伤心，溢于言表"（陈廷焯·《白雨斋词话》）。

温庭筠的另外两首词《梦江南·千万恨》《望江南·梳洗罢》，其中的感伤之意更浓：

千万恨，恨极在天涯。山月不知心里事，水风空落眼前花。摇曳碧云斜。

梳洗罢，独倚望江楼。过尽千帆皆不是，斜晖脉脉水悠悠。肠断白蘋洲。

温庭筠的创作水平虽然大有提高，但为人处世上依然不改本色。他不仅曾当面说令狐相国不学无术，还在背地里到处跟人说"中书堂内坐将军"之类的嘲笑之语,大意是说令狐就是一莽夫,坐在宰相的位置实在是有失大唐颜面。

《南部新书》中也记载了温庭筠笑权贵一事。"令狐相绹,以姓氏少,族人有投者,不吝其力,由是远近皆趋之,至有姓胡冒令狐者。进士温庭筠戏为词曰:'自从元老登庸后,天下诸胡悉带铃。'"当时令狐绹权倾天下,很多同姓族人都前来阿谀奉承他,而令狐绹也不推辞,照单全收。结果,有一次一个姓"胡"的人也来冒充"令狐"之姓。温庭筠知道后就写下"自从元老登庸后,天下诸胡悉带铃"的诗句进行嘲讽。

由此可见温庭筠的独特个性,正是因为骨子里的那种傲气,文人的疏狂与自尊,对公道的追求、对权贵的蔑视,令他在仕途生涯中难以挥洒自如。

那么,温庭筠就真的不能入仕了吗?

3

温庭筠的才华是无须质疑的,但他的个性也使他做出了更为出格的事情:扰乱考场秩序。

根据《唐摭言》的记载,温庭筠曾"以文为货……搅扰场屋"。温庭筠在进士考试中经常想方设法地帮助考生做题。大中九年(855),55岁的温庭筠最后一次参加科考,主考官沈询听说了温庭筠的大名,特意召温庭筠于帘前考试。这让温庭筠很是不悦,于是大闹起来,扰乱了科场。

《隐居十六观》之喷墨,明,陈洪绶

温庭筠搅扰考场后被贬隋县尉,当了一个小得不能再小的官。

温庭筠到了隋县后,会甘心于当一个小小的县尉吗?当然不会。因镇守襄阳的徐商很佩服他的才华,便将温庭筠从隋县尉调到襄阳幕府,任命为巡官。

这一年为咸通元年(860),至此,奔波大半辈子的温庭筠终于过上了好日子,他的弟弟温庭皓以及儿女亲家段成式等人也被接到襄阳,一家人其乐融融,好不幸福。

可惜这样的日子太短暂了。

没过多久,徐商诏征赴阙,温庭筠失去了依靠,在给段成式的信中,他述说自己受了寒气侵染,到荆州后咳嗽不止,连买药的钱都没有。每每读到此处，不禁潸然泪下。这就是晚唐著名才子的命运，实在是让人叹息。襄阳是待不下去了，只能另谋去处。

之后，温庭筠曾在荆南幕府、淮南分别待过一小段时间。

根据史料记载分析，温庭筠曾在荆南幕府从事。此期间温庭筠曾与同僚段成式、卢知猷、沈参军等人吟诗作对，寄情山水。在《送人东游》中写道，"荒戍落黄叶，浩然离故关。高风汉阳渡，初日郢门山。江上几人在，天涯孤棹还。何当重相见，樽酒慰离颜"。从"汉阳渡"与"郢门山"中可以看出，这是温庭筠与同僚游江陵时所作。此诗一开始就给人以气象阔大、境界高远的感觉。实景则为秋色，并伴有离情而无凄凉之感。紧接着温庭筠将笔锋一转，让人很有离别诗歌的味道了：好像这次与同僚旅游后就要分别，不知什么时候才能再次相见。

温庭筠在荆南幕府从事没多久，终究没能躲过令狐绹的报复。史料记载："咸通中，失意归江东。路由广陵，心怨令狐绹在位时不为成名。既至，与新进少年狂游狭邪，久不刺谒。又乞索于扬子院，醉而犯夜，为虞候所击，败面折齿，方还扬州诉之。令狐绹捕虞候治之，极言庭筠狭邪丑迹，乃两释之。自是污行闻于京师。庭筠自至长安，致书公卿间雪冤。"（《旧唐书·文苑传·温庭筠》）

咸通中即咸通四年，此时的温庭筠已经50多岁了。他回到淮南，令狐绹也在这时候出镇淮南。一天，温庭筠与一众新进少年喝完酒，准备各自回家。大醉的温庭筠一个人在街上游荡，没想到被巡夜的虞候打了一顿，连牙齿也给打断了。温庭筠气不过，就向令狐绹告状求助，想出这口恶气。令狐绹把虞候给抓了起来，准备惩罚他。不料，虞候说温庭筠品行不端，打他是应该的。令狐绹相信了虞候的陈述。这事就这么了了。温庭筠的丑事因此传到了京城。温庭筠不服气，就到长安，到处向权贵申诉，结果只能是自取其辱，名声更加恶劣而已。

这事怎么读来都让人觉得有疑点。一个这么有名气的人，而且还是上了岁数的老人，就因为喝醉了就要被巡夜的虞候打一顿，而且还把牙齿也打断了，这简直是不可思议。如果没有令狐绹的暗中指示，一个小小的巡夜虞候，他会为难温庭筠并对他下此重手？

事情的真相是什么呢？令狐绹心胸太狭隘，一心想报复温庭筠。

在京城投诉无果的温庭筠最终去向何处呢？经历了这么多风风雨雨，温庭筠已是看透了许多，他就在长安的零县郊外住了下来，过上了闲居的生活。由于史料缺乏，关于温庭筠在长安闲居期间的情况，我们不得而知。

难道温庭筠就这样度过风烛残年了吗？他还有机会再次进入仕途吗？

答案是，有机会。

这个机会源于一个人。这个人就是前面提到过的徐商。徐商诏征赴阙后在大中六年出任宰相。徐商对温庭筠很是照顾。当他得知温庭筠被巡夜的虞候暴打且在京城投诉无果后，按照史书的说法是"颇为言之"。据《新唐书》和《旧唐书》的记载，都说明了徐商对温庭筠颇为照顾。温庭筠一生都没能及第，这次总算在朝中任职，让人感叹啊！

咸通六年（865），徐商出任宰相。徐商对温庭筠很是照顾，使温庭筠在晚年时得以出任国子监助教一职，属于从六品官。此时温庭筠已经65岁了。

咸通七年（866）秋季，温庭筠以国子监助教的身份主持了国子监的秋试。

殊不知正是这场主持考试让温庭筠大难临头，最终痛苦地死去。

这到底是怎么一回事呢？原来，为了以示考试的公正无私，温庭筠将上报礼部参加第二年春试的考生名单以及考生所著诗篇全部公布于众。这种做法无疑会使得一些人咬牙切齿，恨之入骨。当时四位宰相中势力最大的杨收把温庭筠贬为方城尉。可能有人要问，难道徐商不救温庭筠吗？徐商也是有心无力。为什么这样说？在当时的四位宰相中就数杨收的势力最大，资格最老，而且手段毒辣。史书对他的评价是："既益贵，稍有盛满，为夸侈，门吏僮客倚为奸。"（《新唐书·杨收传》）大意是说，杨收是一个生活奢侈，纵容门吏僮客倚势为奸的人。由此看出，温庭筠公布考生名单以及考生所著诗篇肯定是得罪了杨收手下的人，杨收为手下出气继而冤贬了温庭筠。

遭受如此打击的温庭筠在两个月后"竟流落而死"，不知道是死在了赴任途中，还是死在了方城尉任上。晚唐著名的才子温庭筠就这样含冤而死，让人怜悯，真是"凤凰诏下虽沾命，鹦鹉才高却累身"。（纪唐夫·《送温庭筠尉方城》）

4

作为晚唐诗人中饶有名气的一位，温庭筠个性独特，对权贵的蔑视与嘲弄所彰显出来的人格魅力，使他在晚唐历史上留下了浓墨重彩的一笔。

但是，一个屡次不第之人能名扬天下流传千古，并且成为让后世推崇备至的花间鼻祖，其间的原因值得我们去探讨。

著名历史学家范文澜说："唐朝文学是盛世，到了晚唐已经不可避免地要发生大分化。按照文学史上通例，总得出现两个代表人物，一个结束旧传统，一个发扬新趋势。在晚唐，李商隐是旧传统的结束者，温庭筠是新趋势的发扬者。晚唐诗人温李称首，其余诗人都不能和他们比高下，因为此后诗人（包括词人）都是温李的追随者。"可以看出，范文澜对温庭筠的评价相当高。的确，温庭筠绝对担得起这样的评价。词在温庭筠之前也有不少人在创作，但都属于零散式的，也鲜有具影响力的作品问世。中唐后，韦应物、戴叔伦、刘长卿、张志和、刘禹锡、白居易等创作者似乎多了起来，也不乏优秀作品问世，但这样的作品毕竟还是太少了。

此外，这些词作品的内容、格调与他们创作的诗歌也并没有明显的区别。甚至还有像《杨柳枝》《竹枝词》一类的作品，更是诗词不分。这说明词作为音乐文学的一种特殊样式已经存在了，却没有成熟。换句话说，还是诗歌占主导地位。

这种情况直到温庭筠出现才得以根本改变。

温庭筠的一生都致力于创作曲子词，流传到现在的就有70首。这个数量无论是在晚唐，或者词创作很繁荣的两宋时期都是可观的。温庭筠在晚唐的词创作可以说是一种新生事物，而且内容多样，情感丰富，风格迥异，艺术水平也达到相当高的水准。

温庭筠创作的词主要以表现歌舞伎人、闺人、宫人的生活与离情别绪为主要题材，而风格又偏向于香艳、柔美、细腻、婉约。这种风格类型自温庭筠创立以来除影响到整个花间词外，更影响到婉约词风,还因此细分出很多小流派,甚至影响到两宋、元明清时代的婉约词风,可谓影响至深。

温庭筠是词得以成熟发展的奠基人,纵观唐代的诗人,除了杜甫恐怕再难找到像温庭筠这样的人了。

很多人都喜欢将李商隐与温庭筠相比较,将二人并称"温李",从字面的排列来看,似乎温庭筠还排在李商隐的前面。但实事求是地说,温庭筠的诗作不及李商隐,不过在词作方面却独辟蹊径成为一代花间词祖;此外,温庭筠还是晚唐唯一进行了小说创作的作家,著有《乾馔子》,可惜原本失传。

对温庭筠的成功,王世祯在《花草蒙拾》中一语道出其秘诀:"温李齐名,然温实不及李,李不作词,而温为花间鼻祖,岂亦同能不如独胜之意耶。古人学书不胜,去而学画;学画不胜,去而学塑,其善于用长如此。"

从这个角度来讲,温庭筠的成功正好印证了成功也需要独辟蹊径的道理。也许有人会说如果温庭筠能够在处世方面有所改变,或许是另一番模样。但真的要改变,那还是温庭筠吗?毕竟"山月不知心里事,水风空落眼前花",也只能叹一声"千万恨,恨极在天涯"。

10. 魂断凭栏,一梦浮生才可悲
——李煜

李煜(937—978),字重光,初名从嘉,号钟隐、莲蓬居士。南唐元宗李璟第六子,宋建隆二年(961)继位,史称后主。后国破降宋,被俘送至汴京,终被宋太宗毒死。虽在政治上庸懦无能,但艺术才华非凡。工书法,善绘画,精音律,诗和文均有一定造诣,尤以词的成就最高,有"千古词帝"之称。

李煜的词分为两类:第一类为降宋之前所写,主要为反映宫廷生活和男女情爱,题材较窄;第二类为降宋后所写,作品多抒发亡国之痛,及对往事的追忆,因富以自身感情,使他此时期的作品成就远远超过前期。

1

春花秋月何时了?往事知多少?小楼昨夜又东风,故国不堪回首月明中。雕栏玉砌应犹在,只是朱颜改。问君能有几多愁?恰似一江春水向东流。

据说，这首《虞美人》是李煜的绝命之词，让一直心存怀疑的宋太宗赵光义认定他"心还未死"，最终下令毒死了李煜。这首词到底有何独特之处，竟然让宋太宗不再容忍，下了狠手呢？

单从文学的意义上讲，这首词绝对是上乘之作。词的开头，李煜就抛出了两个问句，且没有明确答案。你看，那春花秋月没完没了，就像一年四季，轮回使然，何时是尽头？那些伴随着春花秋月逝去的历历往事又有多少呢？本来是美好代表的春花秋月，却被期盼着何时才能"了"，只因它们的每一次出现都只会让我想起那些不堪回首的往事，让我更加心痛心伤又难过，这是李煜内心深处的孤鸣与呐喊。

接着，又是一个美好的代表——东风。昨夜，我又在这小楼上感受到了东风，是春天要来了吗？我不禁又想起了江南的好风景。虽然一再告诉自己不要去回忆，不要去多想，可思绪就像断了线的风筝，不由人：那皇宫中的雕花栏杆，还有那玉石铺成的石阶应该都还在吧！只是，物是人非，都已经变了模样。我想问问自己到底有多愁，唯有一句话可以作答，我的愁绪如同一江春水向东流去。

这首《虞美人》作于北宋太宗太平兴国三年（978），李煜幽囚汴京已近三年，在他七夕过生日时曾命歌伎在所赐宅第中演唱此词。随后，被宋太宗赵光义以赐酒祝贺的名义，用一种名为"牵机药"的慢性毒药给毒死了。

据说吃了"牵机药"的人，死状极其恐怖，先是会出现窒息、无力等症状，之后身体不停地抽搐，紧接着脖子会变硬，肩膀以及腿部会发生痉挛，最后身体慢慢地蜷缩成弓形，等头和脚碰在一起时才会一命呜呼。赵光义为什么要这样折磨李煜？

李煜的老婆小周后是一个绝色美女。小周后随李煜归宋之后，被封为郑国夫人。按照当时的惯例，凡是有封号的官家夫人都要隔三差五地去宫里参拜。简单来说，就是问候问候，以谢恩厚之类的。这应该就是一个走走形式，拉拉家常之类的"活动"，客套话一说完，就各自回家了。可是每次小周后一去宫里要好几天才回得来。小周后在宫里的那几天会发生什么？

传说这个赵光义把小周后折磨得死去活来。这还不算！他还让人现场看他是如何奸淫小周后的。更为变态的是，他觉得光让人看还不过瘾，还要人把那场面画下来。于是赵光义命令宫廷里的画师，用"很给力"的笔调，画了出来。

赵光义这样折磨小周后，是男人都应该愤怒出手。但偏偏李煜是不敢说什么的。气得小周后破口大骂，她说："你这个没用的家伙，还是个男人吗？"你猜李煜怎么说，他说："你就不能小声点，要是被人知道了，我们就完了，这又不比自己家里。"

李煜是怎样一个人？

他身上有着怎样鲜为人知的经历呢？

为什么词人的盛誉几乎掩盖了他曾经的帝王身份？

在幽囚汴京的日子里，除了默默地陪着妻子饮泣，他还能做什么？

在故国的雕栏玉砌边上，他又经历过怎样春花秋月般的往事呢？

……

李煜，五代十国南唐的最后一位君主，也被人称为"李后主"。他拥有多重身份：

（1）错位的帝王。他是南唐中主李璟的第六子，按照古代帝王嫡长子优先继位的规矩，本来是轮不到他继位的，可是命运有时候就是这么"传奇"——因几个哥哥相继夭折,李璟去世后,不应该也不想当皇帝的李煜,"被迫"坐到了那张龙椅上。

(2)多情种。李煜生在南唐深宫,长于妇人之手,自幼受皇宫亲眷、宫人爱宠,成年后又先后专宠大小周后,普遍给人留下柔弱多情帝王的印象,根源还在于他的作品上。

(3)天才词人、杰出的文学艺术家。李煜前期的作品,词风瑰丽,尽述宫闱之乐、闺房之趣,哪怕并无深刻内涵,却流行至今,深受人们喜爱,最大的原因还在于"用情至深、扣人心扉"。今天的流行金曲中,有不少是用他的词谱曲而成的。如歌曲《独上西楼》就出自他的词《相见欢》:

无言独上西楼,月如钩,寂寞梧桐,深院锁清秋。剪不断,理还乱,是离愁,别是一般滋味在心头。

此外,李煜的文学、书法、绘画艺术造诣都很高,还精通音律,除兴趣和天分外,跟他父亲李璟的熏陶,以及南唐浓厚的文化艺术环境有很大关系。

李煜醉心于文艺创作,无志于当皇帝,这从他早期的一些诗词中也有体现。

唐代的著名隐士张志和,琴棋书画样样精通,却追求渔樵之乐,放着人人羡慕不已的翰林不做,跑去隐居,还给自己取了个雅号"烟波钓叟",并写了一系列的《渔歌子》作品,其中有一首相当有名,"西塞山前白鹭飞,桃花流水鳜鱼肥。青箬笠,绿蓑衣,斜风细雨不须归"。

为了表明自己的心迹,李煜还曾专门仿效张志和写了两首《渔父》,其一如下:

《渔父图》，宋，许道宁

一棹春风一叶舟，一纶茧缕一轻钩。花满渚，酒满瓯，万顷波中得自由。

这首词开篇即是"一棹春风""一叶舟""一纶茧缕""一轻钩"四个"一"字连用，意在强调渔父一个人的自由，因为李煜把自己比为渔父了。据刘道醇在《五代名画补遗》中的记载，这首词是李煜题写在一幅名为《春江钓叟图》的画中。这幅画已失传，我们只能凭借想象来加以描绘：在春意盎然的时节，一个渔父荡着一叶小舟在江湖上垂钓，一纶蚕丝、一个鱼钩、一壶美酒，是他肆意江湖的最好伴侣。

如果李煜真能单纯做一个闲散王爷，醉心于文艺创作，那么他的人生轨迹也许会完全不一样。只是，人生总有太多不尽如人意之处，哪怕身为帝王之子的李煜也一样，他最终还是被推上了那个被人争抢的国主之位。幸也？不幸也？或许也只能叹一声"作个才人真绝代，可怜薄命作君王"。

2

公元956年，后周对南唐发动了大规模的战争，占取了南唐江北的大部分地区，南唐殊死抵抗，将敌人打退了；第二年，后周皇帝柴荣又卷土重来，这一次更是来势汹汹，一路打到了扬州，把南唐打得是一败再败。南唐皇帝李璟被逼无奈，不但割让了长江以北的所有地区，还削去了帝号，不再称皇帝，而称"唐国主"，臣服于后周。

公元960年，赵匡胤发动陈桥兵变，取代了后周建立了宋朝。建隆二年（961）六月，李璟病逝，李煜在金陵登基。此时，南唐的国力已经大不如前，而李煜的悲剧后半生也从这一刻开始了。

赵匡胤建立宋朝后，南唐成为宋朝的附属国。但赵匡胤并没有就此停下脚步，一统天下是必然的趋势。面临这样严峻的形势，李煜就这样甘心臣服吗？

李煜也并没有就此完全"躺平"，也曾试图励精图治，只是其效果就一言难尽了。

即位后不久，李煜就训练了一支名为龙翔军的水军；罢屯田，划归州县；减免税收、免除徭役，与民生息；改革币制，以铁钱为内部交易货币，将铜钱作为国家储备，至国亡前，各郡所积铜钱达六十七万缗。

此外，李煜想着跟宋朝在战场上硬打，那肯定是"肉包子打狗，有去无回"。他就考虑到用文斗，毕竟他在做太子时曾经有过成功的案例。

当时，后周派了一个叫陶谷的人到南唐做特使。陶谷仗着自己背后有坚实的后台，不可一世，经常奚落、嘲弄南唐的君臣。后来南唐特意安排了一位美女秦弱兰接近他，让他着了迷，甚至到了魂不守舍的地步，还专门给秦弱兰写了一首艳词《风光好》："好姻缘、恶姻缘，只得邮亭一夜眠，别神仙。琵琶拨尽相思调，知音少。再把鸾胶续断弦，是何年。"

对于这件事的记载存在争议，有的说是李煜的主意，有的说是其臣子韩熙载的主意，也有的说这其实发生在吴越（郑文宝的《南唐近事》、释文莹的《玉壶清话》及周辉的《清波杂志》都说是发生在南唐）。

等陶谷准备起身北归的时候，李煜摆下宴席为他饯行，并安排了秦弱兰登台唱歌助兴，而她所演唱的歌曲正是陶谷所写的《风光好》。

更可怕的后果还在陶谷回到后周之后：京城里的大街小巷、青楼阁院等地都在大肆传唱他写的《风光好》，该曲一度登上"京城歌曲的排行榜之榜首"。他的风流史也传得尽人皆知，陶谷羞愤到了极点，却又无法说清，以致好长时间不敢出去见人。

李煜为国主后，赵匡胤已改朝为宋。李煜知道赵匡胤的厉害，为消除赵匡胤的戒心，他便处处表现出臣服的姿态。

首先，他主动上表，请求把"唐国主"改称为"江南国主"，主动取消自己大唐王朝的正统身份，从名义上彻底消除南唐的独立性。没过多久，李煜觉得"国主"这个词还是太刺眼了，便再次上书给赵匡胤，说以后直接称呼他姓名即可。

其次，给南汉皇帝写劝降信。公元966年，赵匡胤给李煜下了一道命令，让他给南汉皇帝刘鋹写一封劝降信，劝其归顺大宋。写一封

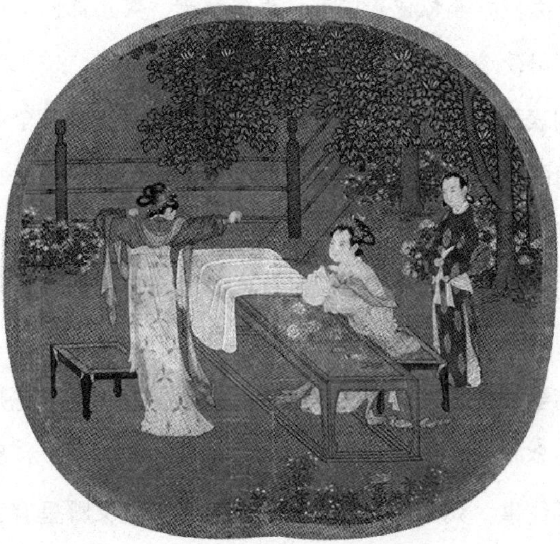

《宫女图》，宋，刘松年

信，对一个才子国主来说，就是信手拈来之事。但这就好比是曹操让刘备写劝降信给孙权，用现代话来说，这一行为伤害性虽然不大，但侮辱性极强。

更何况这还是唇亡齿寒的事，南汉亡了，南唐也跑不了。但是李煜却真的写了，完全没有联合抗击宋朝的念头，而且是一下子写了两封，一封是加盖南唐御玺的国书，一封是以朋友名义写的私函。

刘鋹也回了一封信，一封绝交信，从此不再与南唐来往。李煜收到信后，为了体现出自己尽了力，把他与南汉的通信一并呈交给了赵匡胤。

李煜的懦弱与无助可见一斑，他的这种心境展露于他在这一时期所写的一首《蝶恋花·遥夜亭皋闲信步》里：

遥夜亭皋闲信步，乍过清明，早觉伤春暮。数点雨声风约住，朦胧淡月云来去。桃李依依春暗度，谁在秋千，笑里低低语？一片芳心千万绪，人间没个安排处。

这首词表面看来是在抒写伤春、怀忧之情，实则是李煜为自己无力挽救南唐的命运而叹息。来看词的大意：一个美女因为心事重重无法安睡，就起床到了庭院的水池边散步。尽管清明节刚过，她还是感觉到美好的春天就要离去。在风的作用下，那依稀的小雨点也被吹走了，她抬头看那天上朦胧的月亮，却已是云来云往。

李煜写到这里，笔锋一转。这个美女看着桃花和李花是那样地留恋春天，不禁叹息春迟暮。远处，谁家的姑娘在荡秋千，那欢歌笑语让我想起了往事。只是这千头万绪的心思，人间又哪里有它的安放之处呢？最后一句"一片芳心千万绪，人间没个安排处"，可说是李煜内心最真实的写照——世界如此之大，为何就没有一个小小南唐的安身之地呢？

宋朝的步步逼近，让李煜这个文人帝王完全束手无策。

3

在现实世界里焦头烂额的李煜，急需一个避风的港湾。哪里去找呢？自然是艺术世界中了。再加上没有了父亲和哥哥的管束和压制，李煜常常是通宵达旦、夜以继日地狂欢，把后宫搞成了一个娱乐欢场。我们来看他写的《浣溪沙·红日已高三丈透》：

红日已高三丈透，金炉次第添香兽，红锦地衣随步皱。　佳人舞点金钗溜，酒恶时拈花蕊嗅，别殿遥闻箫鼓奏。

这首《浣溪沙》是李煜在南唐亡国前夜（975年）的作品，从中我们可以看到，哪怕不远处的国境外，早已是杀声震天，一片刀光剑影，亡国的危险已经快到家门口了，但李煜每天的生活状态仍无二致：每日美人做伴、歌舞升平、醉生梦死……

太阳已经升起有三丈多高了，但是从昨儿晚上开始的舞会还没有结束，分布在各处的金色香炉还在不断地加炭燃香，而且原材料非一般，因为那个香兽就是用来焚香的兽形木炭啊！再看那红色的锦缎地毯，随着舞女急促舞动的脚步皱了起来。不得不说，这样的舞会太让人难以尽兴了！词的下阕直言不讳地给出了具体答案，且在描写上采用了"特写镜头"的"拍摄"手法。那舞动着身姿的佳人们，连头上的金钗滑掉了都不知道；那因为"酒恶"（在古代方言中念"ě"）不适的人儿，时不时地拈起一朵鲜花放在鼻子前去嗅，想借这个花的清香来解酒。"别殿遥闻箫鼓奏"可谓神来之笔，从手法来看，既有化虚为实，也有通感。从别处宫殿也传来箫声和鼓声，说明像这样通宵狂欢的地方还不止一处。可见，夜夜笙歌是南唐常有的景象，人们都在尽情狂欢，没有危机感。

说到了后宫，不妨来看看李煜现实中的情感世界。

在小周后之前，李煜深爱着大周后（娥皇）。大周后不但人长得美，还有很高的音乐才能，和李煜在一起就是才子配佳人。因为两人都有很强的艺术细胞，所以宫中的很多聚会，他俩就是编剧和导演，甚至还是领衔主演。《邀醉舞破》是娥皇酒后邀请李煜跳舞时所写。一个"破"字说明了曲子的节奏很快。

新曲子完成后，娥皇亲自弹奏琵琶，李煜翩翩起舞，两人的合作可谓天衣无缝、天作之合。而如此有才华、有美貌的娥皇，让李煜自

《宫中图》局部，明，杜堇

觉三生有幸，不仅爱恋至极，更是奉为知己、知音。夫妇二人经常一个弹琴、一个填词，彼此成就，真是一对让人羡慕不已的神仙眷侣。就连五代时失传的《霓裳羽衣曲》，娥皇竟然也凭借残谱将它复原了，还成为南唐宫廷中歌舞演唱的保留节目。李煜听得如痴如醉，好似穿越到了盛唐。

对于这种盛况，李煜的《玉楼春》一词也有所展现：

晚妆初了明肌雪，春殿嫔娥鱼贯列。笙箫吹断水云间，重按霓裳歌遍彻。 临风谁更飘香屑，醉拍阑干情味切。归时休放烛花红，待踏马蹄清夜月。

天还没有黑，才到傍晚时分，宫女们已经化好了妆，个个肌肤如雪，姿态优美地来到春意融融的大殿上，站好位置，开始了演出。乐工们吹得很投入，笙箫之声仿佛飘荡于水云之间。《霓裳羽衣曲》这首盛唐时代的名曲被反复唱响着，欢娱之情尽寄曲中。宫女们用精美的香器焚烧起名贵的香屑，氤氲香气随风飘来，香气四溢，连焚香之人都看不到了；酣饮醉人，醉中忘形，手拍栏杆。歌罢宴散，余兴未尽，月色清朗，命人灭掉红烛，任马儿踏着月色一路归去。

李煜和娥皇在这种歌舞升平的后宫中，美美满满地生活了整整十年。可惜好景不长，北宋乾德二年（964），娥皇重病在床，整天只能昏昏沉沉地躺在床上，再不能陪着李煜唱歌跳舞、风花雪月了。生活在美人堆里的李煜还能对娥皇"宠爱一身"吗？

多情种自然有多情人，打破李煜对娥皇感情垄断的第三者竟然是娥皇的亲妹妹——小周后。

他们是怎样发展成恋爱关系的呢？李煜写了好几首《菩萨蛮》，这几首词记叙了他和这个小姨子谈恋爱的过程。看其中的一首：

花明月暗笼轻雾，今宵好向郎边去。划袜步香阶，手提金缕鞋。画堂南畔见，一向偎人颤。奴为出来难，教君恣意怜。

这首词描绘了一场美好的幽会。在鲜花盛开、淡月朦胧、轻雾迷蒙的良宵正好可以与你相见。我手提着绣鞋，只穿着袜子一步一步迈上香阶。啊！我终于在堂屋的南畔见到了你呀！我依偎在你的怀里，身体仍止不住地发颤。你可知道，我出来见你一次是多么地不容易，你可要好好怜惜哟！

李煜用"聚焦"的"拍摄"手法，将视线聚焦在女主角——小周后身上，把唯美的画面和特写镜头完美地融合在一起。在一个繁花盛开、月光如水的夜晚，一个情窦初开的少女与情人幽会，因为有所顾忌，这段情暂时还不能让更多的人知道。所以，"花明月暗笼轻雾"给人以方便，也给后面的幽会做了铺垫，这种以景铺垫的手法是李煜擅长的。朦胧、不可描述的美，就这样被李煜描绘了出来，那暗夜中的明艳花朵不就像是暗中幽会的少女的娇媚和青春吗？从一个"郎"字，可以看出两人是情投意合或妾有情郎有意的！词的下片应该写幽会的场面了，但李煜却把画面的结构做了一个颠倒，让"情人的一来一去""幽会的一首一尾"两个聚焦画面有了更强的故事感。女主的慌张与仓皇——"刬袜步香阶，手提金缕鞋"尽现一个"幽"字与不可张扬，所以女主来不及穿鞋，着袜子就跑了，手里则提着鞋子呢！一部生动传神又饶有情致的浪漫幽会影片就这样展现在我们的面前。"画堂南畔见，一向偎人颤。"走到践约之处——画堂西畔，女主一眼就瞥见了等待她的情郎，千言万语都不及一个直接的行动表达，小周后扑了过去，紧相偎倚。一个"一向"，一个"颤"，描摹女子的情态大胆而露骨。

一天，两人的关系终被娥皇知道了。娥皇什么反应呢？马令的《南唐书》里说："心恶之，返卧不复顾。"身为一国之母，身为李煜曾经挚爱的妻子，以及小周后的亲姐姐，再加上病重在身，让娥皇无法做出过激的行为，所以也只是转过脸去，躲在被窝里悄悄地抹眼泪，把小周后晾在一边。

李煜身上有太多的矛盾。他生在帝王之家，却无帝王之志；身居国君之尊，却偏怀赤子之情；挚爱国后娥皇，却又热恋妻妹。他丰富的感情生活不愧多情种的称谓。然而，一件事情的发生让李煜走进了痛苦的深渊。李煜的第二个儿子仲宣意外死亡，让本就重病在身的娥皇，走到了生命尽头。据说，临终前，娥皇平静地跟李煜告别说："婢子多幸，托质君门，冒宠乘华，凡十载矣。女子之荣，莫过于此。所不足者，子殇身殁，无以报德。"

《千秋绝艳图》局部，明，佚名

李煜夫复何求呢？娥皇对他说："能嫁给你，得到你的宠爱，到如今已经十年之久了，我真的很幸运。我想，这世间没有女子能够享受到我所拥有的物质和爱了。遗憾的是，我的孩子死了，我自己也要死了，再也无从报答你对我的恩德。"三天之后，娥皇香消玉殒。

看到李煜丰富的感情世界，与其说他"不爱江山爱美人"，不如说是回天无力的他，面对早已风雨飘摇、江河日下的南唐，只能在温香软玉中寻求精神慰藉。

但只是温香软玉的怀抱，并不足以让李煜得到满足，同时他也在寻求"万能的佛祖"的帮助。

只是，对这个不求自助的人，"万能的佛祖"恐怕也是无可奈何啊！

4

李煜信奉佛法，到了后期，甚至沉湎于佛教无法自拔。在南唐国库空虚的时候，李煜仍旧让人建寺修塔。为了迎合国主，大臣多吃斋以表示心诚，百姓也把投入佛寺出家当作谋生的手段。李煜还特别优待僧侣，一时间和尚与尼姑陡增，金陵城内僧人一度达上万人，一退朝就穿上僧衣与众人谈经论道。

李煜为什么要在南唐大力发展佛教呢？据《江南野史》记载，李煜曾听到一个小孩撞钟撞得很有水平，很有节奏感、音律感。李煜就让孩子出家了，并在小孩的恳求下大力发展起了佛教事业。

这个记载的可信度不高，或许只是李煜为自己兴佛所找的理由。因为凭自身能力无法挽救南唐的命运，便以求他途。

在佛教的"斋日"，李煜就会在佛像前点上一盏"命灯"。如果这盏灯在天亮之前熄掉了，李煜就签字执行死刑；反之则宽大处理。这样一来，在这盏"命灯"上作假，悄悄添油的行为也就盛行起来。由此也可见南唐的形势有多糟糕了。

针对李煜的这一喜好，赵匡胤派出了一个被李煜称为"小长老"的和

《佛像图》，明

尚，接近并取信于李煜后，每天给李煜讲佛法，还鼓动李煜修建佛寺，甚至月月开展大型佛教活动，以此来消耗南唐的国力，几近崩溃的边缘。

还有一个僧人，在宋朝入侵南唐的咽喉要道上，以崇佛为名，修建了一座佛塔，使宋军攻来时可以搭建浮桥。

赵匡胤还打起南唐详细地图的主意。李煜只得连夜绘制南唐的地图副本，乖乖呈上去。

南唐就这样完蛋了，李煜终于沦为阶下囚。

开宝九年（976）元月四日，李煜被俘送到北宋都城汴京。赵匡胤不但没杀李煜，还给李煜封了官，为右千牛卫将军、违命侯。

李煜投降后的日子过得相当郁闷，每天借酒消愁。据说李煜天天喝酒，以至于赵匡胤都担心他醉死了，还曾下令少供酒给李煜。李煜说，没酒我怎么打发日子啊！打发日子，可见李煜心里是多么地绝望无助。但日子还要过下去，因为李煜没有死的勇气。

李煜在以眼泪洗面的生活中苦苦地熬着日子。除了醉乡，就是梦乡。在《浪淘沙令·帘外雨潺潺》这首词里，他写道：

帘外雨潺潺，春意阑珊。罗衾不耐五更寒。梦里不知身是客，一晌贪欢。 独自莫凭栏，无限江山，别时容易见时难。流水落花春去也，天上人间。

就算醒了，又能怎样呢？还不是"流水落花春去也，天上人间"。我跟这世间的美好有什么关系！它们属于我吗？不！它们离我是那么地遥远！一个在天上，一个在人间。

写诗词成了李煜排遣绝望与痛苦的一种办法。因为想念远在江南的家，他写了很多怀念江南的词，"车如流水马如龙，花月正春风""忙杀看花人""笛在月明楼"……他怀念江南的亲人、情人，还有那一去不复返的皇家生活。可是，他也只能怀念了。

林花谢了春红，太匆匆。无奈朝来寒雨晚来风。

胭脂泪，相留醉，几时重。自是人生长恨水长东。

——《相见欢·林花谢了春红》

一旦归为臣虏，沈腰潘鬓消磨。最是仓皇辞庙日，教坊犹奏别离歌，垂泪对宫娥。

——《破阵子·四十年来家国》

别来春半，触目柔肠断。砌下落梅如雪乱，拂了一身还满。

雁来音信无凭，路遥归梦难成。离恨恰如春草，更行更远还生。

——《清平乐·别来春半》

沉浸在亡国的巨大痛苦和耻辱里的李煜不会知道，他这些怀念江南故国，用血泪写成的词，一方面在词的世界里引起了一场重要转变，将为他赢得无上荣光；另一方面也给他带来现实的危险。

公元976年的一天，让他害怕的宋太祖赵匡胤死在了他前面。他的弟弟晋王赵光义即位，史称宋太宗。赵光义即位后，表面上看似比赵匡胤对李煜要好。他一上台就把李煜头上那个"违命侯"的帽子给摘了，重新封了一个"陇西郡公"，甚至还假装关心让他搬到崇文院附近，以方便他读书。

最后，终因一句"故国不堪回首"，李煜的生命结束了，结束在他生日那一天，结束在那个难忘的七夕情人节。

也许，死亡对李煜来说，未尝不是一种解脱。因为活着时，他承受的痛苦明显要更多。

李煜的词名满天下，今天依然在到处传唱，他不愧为"一代词帝"（晚清学者王鹏说李煜是"词中之帝，当之无愧色"）。他屈辱地死去，却又用鲜活的艺术生命永远地、高傲地活了下来。

明末清初的韵学家沈谦评论说："李后主拙于治国，然在词中犹不失为南面王。"

尼采说，一切文学作品中，我最爱那些用鲜血写成的。李煜用他的亲身经历证实了这句话的哲理性。

痛苦成为李煜艺术天分的养料，成为他词作艺术魅力的源泉，让他终究在词的世界里获得了新的生命。李煜的词尽是极品，可谓字字珠玑。也因此，他的词才有了永恒的生命力，赢得了古往今来无数人的赞美和喜爱。

但是，如果没有生在帝王之家，没有那些痛苦的经历，没有亡国的经历与感受，只是生活在"烟波钓叟"世界里的一个隐者，李煜的人生会怎样呢？才情又会如何？我们还会有机会读到他那些令人惊叹的作品吗？只怕，那样的李煜也难以有"词帝"之桂冠。

11. 千古文章,醉翁之意不在酒
——欧阳修

欧阳修(1007—1073),卒谥文忠,号醉翁,又因晚年"集古录一千卷,藏书一万卷,有琴一张,有棋一局,而常置酒一壶,吾老于其间(一老翁)"而自号"六一居士"。北宋政治家、文学家、史学家和诗人,因其一生著述繁富、成绩斐然而为"唐宋八大家""千古文章四大家"之一。其散文说理畅达,抒情委婉;诗风与散文近似,重气势而能流畅自然;其词深婉清丽,承袭南唐余风。

作为文学家,欧阳修是北宋诗文革新运动的领导者;作为政治家,他是范仲淹庆历新政的支持者,曾总结五代的历史经验,引以为鉴。

1

唐宋八大家有六人出自宋朝,宋朝中的第一大家无疑就是欧阳修了。欧阳修对很多人来说,并不陌生。那篇很有名的散文《醉翁亭记》就是出自他之手。

11. 千古文章，醉翁之意不在酒——欧阳修

醉翁亭

年仅 40 岁的欧阳修为什么要称自己为醉翁？醉翁之意到底是何意？所谓的"在乎山水之间也"是否只是片面之词？要想深入地了解欧阳修，从《醉翁亭记》入手是最好的突破口。

欧阳修在《醉翁亭记》的开头说了这样一段话：

环滁皆山也。其西南诸峰，林壑尤美。望之蔚然而深秀者，琅琊也。山行六七里，渐闻水声潺潺，而泻出于两峰之间者，酿泉也。峰回路转，有亭翼然临于泉上者，醉翁亭也。

滁州是一个好地方，城的周围都是山，特别是在西南方向的山林与幽谷最为优美，那郁郁葱葱幽深秀丽的地方就是琅琊山。沿着山路

走过六七里,就会听到山涧流水的声音,从两座山峰之间飞泻而出的就是酿泉。在峰回路转之际,会看到酿泉上面有一座亭子,那座亭子就是醉翁亭。

按照欧阳修的这番描述,这滁州真是一个山清水秀、峰峻谷幽的好地方。我们不禁会想,看来欧阳修是在这里享清福啊!可惜并不是,欧阳修是被宋仁宗给贬到这个地方来的。应该是欧阳修心态好,所以看什么风景都挺美。当然,我们也不排除滁州真如欧阳修说得那样美。

作亭者谁?山之僧智仙也。名之者谁?太守自谓也。太守与客来饮于此,饮少辄醉,而年又最高,故自号曰"醉翁"也。醉翁之意不在酒,在乎山水之间也。山水之乐,得之心而寓之酒也。

醉翁亭是谁建造的呢?建造之人乃山里的一个僧人智仙。给亭子取名的是谁呢?不是别人,正是我欧阳修。我的酒量不行,喝一点点就醉了。由于我的年纪最大,因此我就给自己取了个雅号,叫"醉翁"。我这个"醉翁"啊!不是酒鬼,更多的是醉于山水之间。一句话,我喝酒不过是一种寄托罢了。

觥筹交错,坐起而喧哗者,众宾欢也。苍颜白发,颓然乎其间者,太守醉也。

觥筹交错、谈笑风生的时候,一个容颜苍老、头发花白的人很颓废地醉倒了。这个人是谁呢?不是别人,就是滁州的太守欧阳修!

这就奇怪了,欧阳修先前还说自己"醉翁之意不在酒,在乎山水之间也",怎么,现在突然又醉倒了呢?要回答这个问题,就要弄明白欧阳修为什么要喝醉,他的醉翁之意又醉在哪里?

欧阳修在滁州期间写了一首名为《题滁州醉翁亭》的诗:

四十未老，醉翁偶题篇。醉中遗万物，岂复记吾年……唯有岩风来，吹我还醒然。

这说明欧阳修其实内心明白得很，只不过他自己不愿意醒来罢了。他之所以喝醉，是因为他心中有太多的烦恼。他的醉翁之意也不过是难得"清闲"罢了，这种"清闲"唯有"醉"时才能体现，而他也仍有精忠报国之心，这与范仲淹的"处江湖之远，则忧其君"有异曲同工之妙。

欧阳修是因为什么事情而被贬到滁州的呢？欧阳修在被贬到滁州之前，职务是龙图阁直学士以及河北都转运按察使。

拥有双重身份的欧阳修怎么就被贬到滁州了呢？说来荒唐——欧阳修被状告生活作风有问题，并且涉及乱伦。

欧阳修真的是这样的人吗？当然不是。欧阳修是被人冤枉的，确切地说是被政敌冤枉的。一两年前，在范仲淹推行"庆历新政"期间，身为谏官的欧阳修曾对贾昌朝、陈执中等一帮反对派展开猛烈的抨击。如今范仲淹一干人等被贬，远离了朝廷中心，贾昌朝、陈执中则官居宰相的位置。当他们得知欧阳修宗族中有妇人跟男仆勾搭时，就强把这件事牵扯到了欧阳修身上，甚至想当然地把欧阳修的词《望江南·江南柳》引为"证据"。

江南柳，叶小未成荫。人为丝轻那忍折，莺嫌枝嫩不胜吟。留著待春深。十四五，闲抱琵琶寻。阶上簸钱阶下走，恁时相见早留心。何况到如今。

欧阳修一向认为词为小道、为艳科，再加上人不风流枉少年，所以他年轻时确实写过不少香艳之词，由此就让政敌找到了可乘之机。欧阳修这首词的本意也无非是在说这位少女是如何美丽，给人留下美

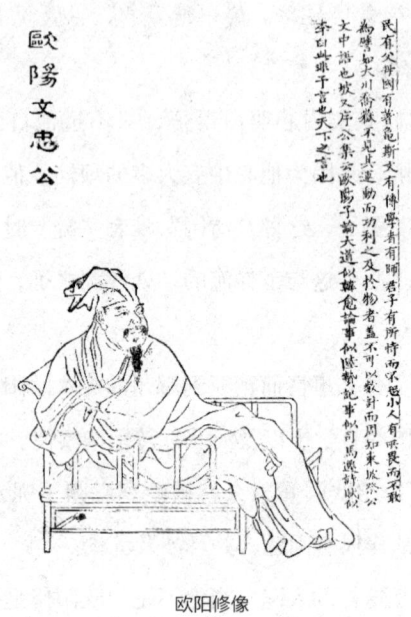

欧阳修像

好的回忆，丝毫没有亵渎之意。但是对内心丑恶之人来说，任何事都能从他们的角度做出丑陋的解读。一件"莫须有"的事就这样被说得像模像样、有理有据的。

这件事上奏到宋仁宗处，失望又愤怒的宋仁宗下令让太常博士、三司户部判官苏安世亲自审理此案，同时还派了宦官王昭明负责监审。但人算不如天算，杨日严、贾昌朝、陈执中等人这一次计划又落空了。落空的原因就在于被他们安排进来的监审王昭明身上。谁能想到，跟欧阳修有过节的王昭明，反倒帮了欧阳修的忙。

负责审理欧阳修案子的苏安世本打算按当朝宰相的意思，想尽一切办法把欧阳修彻底弄"下课"。没想到的是，当他跟王昭明商量对策时，王昭明却说曾多次听到皇上夸奖欧阳修是如何有才华，为人如何好，又是如何忠心，这足见皇上从内心是很欣赏欧阳修的。如今你为了迎合宰相那帮人，怕不好跟他们交代，但是你想过没有，欧阳修这个案件本身就是他们乱搞出来的，等到真相大白那天，倒霉的就是我们了。所以王昭明说他绝不参与。苏安世一听如梦方醒，最终也只给欧阳修定了一个小罪名。欧阳修被贬到滁州。

欧阳修在被贬到滁州后，按照惯例给宋仁宗写了一道谢恩的奏章。在这道奏章里欧阳修除了谈到自己被贬的原因外，也对宋仁宗表示了感谢。感谢皇上的爱护有加，让他到了滁州这个好地方，进而因祸得福写下了影响深远的《醉翁亭记》。

现在，我们再回过头看看《醉翁亭记》，这句"醉翁之意不在酒，在乎山水之间也"是一句隐喻，不能够把自己被贬的冤屈说得太露骨，也只能这样说了。这就是《醉翁亭记》背后的故事。

这是欧阳修政治生涯中的第一次重大的挫折。

这一年欧阳修38岁，进入朝廷中枢不过才三四年的时间，他有什么可令人害怕的，让贾昌朝、陈执中等一干人要这样整治他？甚至用上如此下三烂的损招呢？

2

官场上的欧阳修是怎样的一个人呢？了解这个以后，我们才能弄清楚欧阳修的政敌们在害怕什么，又为什么要对欧阳修下狠手。

公元1033年，范仲淹被宋仁宗任命为右司谏。听说这一消息后，时年27岁，官职低微的欧阳修便迫不及待地给他写了一封名为《上范司谏书》的信:"司谏,七品官尔,于执事得之不为喜,而独区区欲一贺者,诚以谏官者,天下之得失,一时之公议系焉。"

什么意思呢?欧阳修是说,右司谏就是一个七品小官,没什么值得庆贺的,自己之所以专门写信以表祝贺,是想告诉你,这右司谏的作用大得很,关系到天下的得失、天下的舆论走向。

接下来的两段,欧阳修阐明了责任与重要性,然后笔锋一转,数落起了范仲淹的不是:"今执事始被召于陈州,洛之士大夫相与语曰:'我识范君,知其材也。其来不为御史,必为谏官。'及命下果然……岂洛之士大夫,能料于前,而不能料于后也?将执事有待而为也?"

这段话什么意思呢?一句话,就是欧阳修在数落范仲淹无所作为,是个"光说不练的假把式",并督促范仲淹尽快拿出改革的方案。对范仲淹这样的偶像和有志之士,欧阳修尚且如此不留情面,对那些非"范仲淹"之人,欧阳修的笔刀无疑只会更加锋利。

欧阳修的文笔,在公元1036年所写的《与高司谏书》一文中更是展露无遗。范仲淹因朝政改革第一次被贬谪后,高若讷作为谏官,不但未劝谏,反而到处说范仲淹被贬是活该!这种无耻的小人行径让欧阳修很不喜且生气。

在这封信的开头,欧阳修问高大人到底是不是一个名士?

某年十七时,家随州,见天圣二年进士及第榜,始识足下姓名……而足下厕其间,独无卓卓可道说者,予固疑足下不知何如人也。

欧阳修通过中举的情况,给高若讷是不是一个名士打上了问号,接着又问他是不是一个贤能的人。

予友尹师鲁问足下之贤否……又为言事之官,而俯仰默默,无异众人,是果贤者耶。

欧阳修认为，一个真正的正直君子应该是不向权贵妥协低头，一个真正有学问的人应该明辨是非。但是，作为谏官的您却在背后诋毁讥笑范仲淹，这绝非君子所为，你不过是一个假君子，真小人也。

夫人之性，刚果懦软，禀之于天，不可勉强……虽朝廷君子，亦将闵足下之不能，而不责以必能也。

欧阳修也并没有一味地提出高要求，说高若讷也可以做一个平常之人，也用不着以君子的标准来要求您。

今乃不然，反昂然自得，了无愧畏，便毁其贤以为当黜，庶乎饰己不言之过。夫力所不敢为，乃愚者之不逮；以智文其过，此君子之贼也。

但是，我们把对您的要求降低了，不再以君子的准则来要求。可是您却不保持平常之人的本色，反而为了证明自己是一号人物，是一个君子，居然以诋毁范仲淹为幌子，去掩饰自己的错误和过失，这就是"君子之贼也"。

欧阳修这样替范仲淹鸣不平，那范仲淹到底是怎样的一个人呢？欧阳修认为范仲淹不仅是个君子，而且自身的能力也是有目共睹的。范仲淹以他自身的能力与人格魅力取得了上至皇上、下至同僚的赞誉和认同。可是高若讷作为谏官，却在背后说人家这也不是那也不是，评判的标准是什么？

欧阳修的这番话简直说得密不透风，环环相扣，有理有据，怎么说都有理，都站得住脚。最后，欧阳修还跟高若讷提出三条建议——

别再尸位素餐，还是离开谏官的位置吧。别再去见那些士大夫，继续做一个恬不知耻的谏官了。发挥您谏官的作用，将信交给皇上，让他杀了我，使得天下都真正了解范仲淹。

收到欧阳修的《与高司谏书》之后，高若讷暴跳如雷，连忙给皇上上了一道奏章。欧阳修由此被贬到夷陵（今湖北宜昌）。

了解了文章背后的故事后，再读《醉翁亭记》，就会发现，欧阳修不是一个醉翁，而是一名不出手则已，一出手就足以将对手击败而永无翻身之力的斗士。这样鲜明正直的个性，以及犀利毒辣的文笔风格，令他在北宋政坛上光芒尽显。

这只是小试牛刀，影响却是极为深远。因为《与高司谏书》不仅仅是抨击高若讷一人，更是成为继续推行朝政改革的导火索，为新政的继续施行埋下了伏笔。

这就是欧阳修，年仅30岁的他因替范仲淹鸣不平，一出手就名动官场。欧阳修年轻气盛、正直有能力、不畏权贵，他是"明知山有虎，偏向虎山行"的打虎英雄。那么被贬到夷陵后的欧阳修又做了什么呢？他会"吃一堑，长一智"，会有所收敛吗？

3

欧阳修被贬到了夷陵后，在给哥们尹洙（字师鲁）的信中写道：

五六十年来，天生此辈，沉默畏慎，布在世间，相师成风。忽见吾辈作此事，下至灶间老婢，亦相惊怪，交口议之。不知此事古人日日有也。（《与尹师鲁第一书》）

欧阳修说五六十年以来，我们都习惯了沉默畏惧、谨小慎微的社会风气，这种风气就像病毒一样蔓延开来，代代相传。忽然间看到有

《灸艾图》，宋，李唐

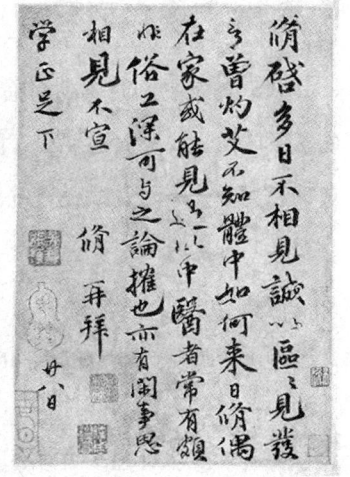
《灼艾帖》，宋，欧阳修

人做出惊世骇俗的事，就算是在厨房里烧火做饭的老厨娘见了，也都惊讶不已。很多人都交口议论，却不知道这种事古人天天都在做。

欧阳修这番话表明了两点：

一是对当前的社会风气不满，为了打破这种社会风气，他甘当第一人。

二是心态很平稳，没因为被贬谪而感到苦恼与后悔。

正因为有如上两点，欧阳修才没乱了阵脚，才得以看清今后的形势——改革派还会东山再起，以范仲淹为首的改革是符合朝廷的核心利益的，继续推行的改革希望是有的。

正是因为认识到了上述形势，所以欧阳修一点儿都不悲观。他相信，在不久的将来朝廷还会重用他。果然，大概过了三年，欧阳修就官复原职。按理说，有了之前的"教训"，欧阳修应该收敛一些才对，但是他没有，反而更加锐气十足。大家别以为欧阳修是冲动之人，实际上他心里清楚得很——政治环境允许他这么做。

我们先来看当时宋朝面临的边境威胁。宋朝跟西夏的战事不断，吃了不少败仗，同时还要给辽国进贡。财政压力已经很大了，国内官员徇私舞弊，老百姓赋税繁重，各地民变之事也时有发生，朝廷疲于应对，叫苦连天。

庆历二年（1042）五月，宋仁宗亲自颁布诏令，希望朝廷上下能上书言事，为解决朝政危机而献计献策。对此，欧阳修在《准诏言事上书》中写道：

为人君者，以细务而责人，专大事而独断，此致治之要术也；纳一言而可用，虽众说不得以沮之，此力行之果断也。

什么意思呢？做君王的应该有自己的主见，不能被身边的人左右。那么，如何做到这一点呢？

做君王的要懂得放手。把具体的事务交给下面的人去干，自己只需要总局把握，要抓大事，不必事必躬亲。一句话，抓大放小。

君王要有君主的魄力，要果断明锐以及坚定。具体来说，君王心中要有一杆秤，能明断是非，不能朝令夕改。一句话，不受宰相所左右，坚定自己的信念。

"知此二者，天下无难治矣"，如果能做到这两点，治理天下还有什么困难的呢？

在《为君难论上》和《为君难论下》中，欧阳修写道：

夫用人之术，任之必专，信之必笃，然后能尽其才，而可共其事……专信一人而不能早悟，以及于祸败者多矣……专任而信之，以失众心而敛国怨乎？

天下之人皆知其不可,而独其主不知者,莫大之患也。

做君王的一定要懂得如何用人。既然任用了一个人,就得信任他,尽量做到人尽其才。但是,不能什么人都用。衡量的标准是,如果大家认为这个人有问题,那就不用,群众的眼睛是雪亮的。如果君王一意孤行,坚持要用这个人,带来的后果就是失去民心,引起众怨,并由此埋下祸患。

欧阳修提出的如上建议,是十分中肯且管用的。如果朝廷内部都混乱不堪,天下又如何稳定?如果没有人才,又谈何发展壮大?做君王就得有为君之道、用人之道、识人之道,并要做到乾纲独断。欧阳修对宋仁宗的要求,矛头直接指向以宰相吕夷简为首的一帮守旧派,是他们在阻碍朝政的改革,为朝廷埋下了祸根。

欧阳修的这些上书言事,在当时影响颇大,直接引起了一股改革之风。自宋仁宗登位任命吕夷简为参政知事以来,吕夷简已大权在握20多年,形成了盘根错节的关系网,势力遍布朝廷内外,根深蒂固且难以撼动,因此,哪怕是革新派的一点点动作,只要他轻轻地一出手就会给革新派带来巨大的阻力。

在革新派看来,只有吕夷简退出,或者说只有扳倒吕夷简,朝政改革的实惠才能落到实处。

在强大的舆论压力下,在冗官与冗费的弊端影响下,庆历三年(1043)三月,宋仁宗罢免了吕夷简的宰相职务。这是革新派取得的一个重大胜利,但朝政的弊端并没有因此得到改观。唯有拿出具体的方案并加以实施,才能证明吕夷简被罢相后的种种好处。换句话说,改革派是骡子是马,宋仁宗正拭目以待呢。

欧阳修认为目前朝政的弊端主要在于吏治,并针对冗官这一弊端给出了具体的解决办法。他认为现在朝政混乱不堪，内忧外患，其罪魁祸首在于官场中四类垃圾在作怪，具体来说有以下四种人：

（1）年长的昏庸者。这些人思想顽固，且又昏庸无能。

（2）体质差的病弱者。这些人即便是有能力，可病痛缠身，根本没有心思和力量去履行自己的职责。

（3）唯利是图的舞弊者。这些人坏事做绝，只考虑自己，贪赃枉法是他们最好的代名词。

（4）没脑子的碌碌无为者。这些人的脑袋瓜就是"豆腐渣工程"，无才无能。

在这四类人中，第三类人的弊端最容易显露出来，剩下的不容易看出来。如果让这四类人占据官员的绝大多数，朝政不混乱不堪都难。欧阳修的解决办法是，由朝廷选拔清明廉洁、有能力的官员担任按察使，专门负责考核各州县的官员，并造成花名册，朝廷再依此决定官员的升降罢黜。

那么，具体的实施情况如何呢？朝廷对这个方案的执行打了折扣，并没有发挥其真正有效的作用。

欧阳修岂能看不出方案被打折扣的后果？他赶紧给朝廷上书，强烈要求按照他的方案来实行，由朝廷严格挑选按察使，并将按察使这个工作形成一项制度，按察使可以随时下地方进行考核。

欧阳修本人在执行这一方案时，首先就拿四类人中"没脑子的碌碌无为者"开刀。欧阳修认为这类人的危害是最大的，因为这类人的危害不易看出来。而其他三类人，比如"唯利是图的舞弊者"，贪污一经败露就可以将其处理。"体质差的病弱者"一眼就能看出，也容易解决。

欧阳修公开要整治"没脑子的碌碌无为者",很显然会得罪很多人。金州的知州王茂先、顺阳的县令李正己就在其中,且此类官员实在太多。一旦让欧阳修发现,那是绝不留情,不管是地方的,还是中央的。

庆历三年(1043),经过一番前期的准备工作,范仲淹拿出了著名的《答手诏条陈十事》,这是关于庆历新政的纲领性文件,也是具体的改革内容。

《答手诏条陈十事》一出来立刻轰动朝野,达到"天下翘首以望太平"的地步,改革派的斗志更加高涨。正在这个鼓舞人心的时刻,石介写了一首名为《庆历圣德颂》的长诗,无意中给改革派蒙上了一层阴影。

4

欧阳修因《与高司谏书》被贬时,蔡襄写了一首名为《四贤一不肖》的诗,将范仲淹、余靖、尹洙、欧阳修称为四贤。保守派们拿这个做文章,说他们结党营私,将改革导向了"朋党之争"。

面对保守派的出击,改革派自然会给予还击。范仲淹的还击并不是很有力度,甚至是失败的,加深了宋仁宗对他的怀疑。欧阳修的还击很给力,上奏了著名的《朋党论》,这篇文章写于庆历四年(1044)四月。

在《朋党论》的开头欧阳修写了一句特"给力"的话:"臣闻朋党之说,自古有之,惟幸人君辨其君子、小人而已。"什么意思呢?皇上,我要很肯定地告诉您,朋党这事自古就有,没什么稀奇的,太平常不过了。问题的关键是，皇上您怎么看，怎么识别谁是君子之朋党，谁是小人之朋党。

欧阳修的确很高明，他没有否认朋党的存在，而是坦诚地说明，朋党历来就有，无法避免。如果是君子之朋党，那是好事啊！因为君子的德行操守都是值得肯定的。他们若聚在一起，能够同舟共济，为朝廷献计献策，一心一意为了江山社稷，没有私心。但是小人之朋党就不同了，他们若聚在一起，只会为了私利而争得你死我活，毫无信誉可言，毫无德行操守可约束。

欧阳修如此坦诚又见解独到的一席话，无疑是给宋仁宗吃了一颗定心丸。

为了能让宋仁宗相信君子之朋党的好处，欧阳修举了实例加以证明：

纣有臣亿万，惟亿万心；周有臣三千，惟一心。纣之时，亿万人各异心，可谓不为朋矣，然纣以亡国。周武王之臣，三千人为一大朋，而周用以兴。(《朋党论》)

商纣王时期，有亿万人各存异心，可以说不成朋党了。但是，纣王因此而亡国。周武王的臣下，三千人结成一个大朋党，但周朝却因此而兴盛。所以，问题的关键在于做臣子的是否一心一意辅助皇上，皇上能否识别谁是君子之朋党，谁是小人之朋党。现在，我们一帮人就是皇上您亲自提拔的君子之朋党，您相信我们是君子之朋党，就是在为了大宋的江山稳固着想啊！我们这样的人越多，对您就越有利，"善人虽多而不厌也"(《朋党论》)。

漂亮！别看保守派来势汹汹，可欧阳修的一篇《朋党论》抵过千军万马，打消了宋仁宗在朋党问题上的疑虑。

保守派见这招不行，就将目标锁定在石介身上。为什么会选择石介？因为此人做事冲动，缺乏深谋远虑，要找他的把柄太容易了。当时，保守派里的重量级人物夏竦对石介是恨之入骨，为什么恨他？原因就在于石介在《庆历圣德颂》一文中对夏竦进行了辛辣的讽刺。

为了陷害石介，夏竦精心挑选了一个绝色美女，这个美女拥有一项特殊技能——会模仿别人的笔迹。这个美女进入石介府中，并取得了石介的信任。

她模仿石介笔迹，篡改了石介给富弼的一封信，将"行伊周之事"改为"行伊霍之事"。大家可能有些不解，不就改了几个字，能对石介有什么影响？这影响可大了，因为，伊指伊尹，周指周公，霍指霍光，前二者是辅佐天子的圣贤之人，后者是废立国君的权臣。这一字之差等于是石介鼓动富弼废掉宋仁宗，要另立新皇帝。夏竦的这一招真是相当的狠。

这件事给石介和改革派带来什么影响呢？主要有以下四点：

（1）事件当事人石介遭到罢免，作为范仲淹等人的朋党外放濮州。可怜石介还未上任，在途中就病死了。

（2）夏竦陷害石介一事，范仲淹、富弼知道后，对自身的安全感到极为不安，要求离开朝廷中央，外出巡边，两位新政的重量级人物离开京城，致使新政顿时陷入僵局。

（3）改革派人心不稳，士气严重受挫，使得原本已开展的工作无法继续进行。

（4）其他改革派人物也相继遭到陷害，庆历新政即将走到尽头。

欧阳修也未逃过此劫，但保守派一时还不能把他彻底扳倒，只是将其外调，远离朝廷中央。保守派以为这样一来，欧阳修就算是有心再与他们为敌，也是鞭长莫及。

保守派失算了。欧阳修不但没如他们的意，反而继续"炮轰"他们，继续给宋仁宗上书，要求重新启用范仲淹等人。这下，保守派急红了眼，于是，就有了欧阳修的生活作风问题，有了被贬滁州，有了《醉翁亭记》，也有了"醉翁"。

欧阳修像

《醉翁亭记》是了解欧阳修最好的突破口，正是这个道理。顺着这个突破口一条一条地分析下去，一个真实的欧阳修便展现在我们面前。

《醉翁亭记》完成后，曾被刻在醉翁亭旁边的石碑上，前来观摩的人真是络绎不绝。更有甚者，觉得光观摩还不过瘾，还得把这篇文章带回去。

怎么带呢？拓本是最好的方法，甚至一时"洛阳纸贵"。

这还不算，有很多商人打起以此发财的主意，将拓本拿去卖钱；更为离奇的是，只要商人身上有欧阳修《醉翁亭记》的拓本，到了需要交税的时候，将拓本送一本给税官就可以免税。

此刻，我们回过头来再次品读《醉翁亭记》，会很自然地发现，欧阳修这个醉翁，是在沉醉中放松他的身心，这是一种很好的自我调节，并以此来更好地奉献他的光和热。

正因为如此，欧阳修将滁州治理得井井有条，百姓安居乐业。也正因为如此,欧阳修的名声遍天下,甚至连北方的少数民族也对他甚为敬重。在宋仁宗至和二年(1055),翰林学士欧阳修出使契丹,契丹国王以最高级别的礼遇接待了欧阳修。不为别的,只为欧阳修的名气实在是太大了,他的德行操守也实在是让人钦佩。

12. 旷达超脱，光风霁月惹人喜
——苏轼

苏轼（1037—1101），字子瞻，号"东坡居士"，世人称"苏东坡"。北宋著名文学家、书画家、美食家，唐宋八大家之一，是中国数千年历史上公认的文学艺术造诣最杰出的大家之一。与父苏洵、弟苏辙合称"三苏"。其散文与欧阳修并称"欧苏"；诗与黄庭坚并称"苏黄"；词与辛弃疾并称"苏辛"；书法上与黄庭坚、米芾、蔡襄并称北宋书法四大家。

在政治上，苏轼较偏于旧党，但也有改革弊政的要求，所以他既反对王安石相对激进的改革措施，也不同意司马光尽废新法的做法，因而受到新旧两党的共同排斥，仕途坎坷。

1

宋仁宗景祐三年（1037）的某一天，四川眉山发生了一件天大的怪事：彭老山的花草树木突然全都凋谢枯萎了，而且一枯萎就是60多年，直到宋徽宗建中靖国元年（1101）才又重新焕发生机。这是怎

《隐居十六观》之浇书，明，陈洪绶

么回事呢？原来，景祐三年是苏轼出生之年，传说他的出生把彭老山的灵气都给吸走了，那里的花草树木自然就凋谢枯萎了；而建中靖国元年是苏轼去世的年份，自然灵气得以重新恢复自由，彭老山也就恢复了生机。

这是张端义的《贵耳集》中讲到的苏轼出生时发生的神奇之事，且不论其可信度有多少，这里之所以讲到这个故事，一是为说明苏轼的才情在世人眼中之高，二是体现世人对他的喜爱程度。

苏轼的才情有多高呢？11岁时，他便写出了令人称奇的《黠鼠赋》，这里引用其中的片段：

人能碎千金之璧，而不能无失声于破釜；能搏猛虎，不能无变色于蜂虿……

什么意思呢？一个人可以在打碎价值千金的美玉时不动声色，却也可能在打破一口锅时失声尖叫；一个人可以勇敢地和猛虎搏斗，却也可能被野蜂、毒虫吓得惊慌失措……一个11岁的孩子，竟然已经能写出如此有思想性的文章，甚至至今说起仍不免引人思考，其才情之高可见一斑。

只是有才情就会受大家如此喜爱吗？这难免会令人不服，毕竟中国历史上才情高的人多了，苏轼也只是其中之一罢了。

那么，苏轼到底是怎样一个人，广受大家喜爱的原因又在哪里呢？现代著名作家、学者林语堂所著的《苏东坡传》一书中，对苏轼有一个相对全面的表述。虽然在他看来这根本不足以勾绘出苏轼的全貌，但也足以让我们看到苏轼的才情之高深、魅力之宽广。

像苏东坡这样富有创造力，这样守正不阿，这样放任不羁，这样令万分倾倒而又望尘莫及的高士……苏东坡是个秉性难改的乐天派，是悲天悯人的道德家，是黎民百姓的好朋友，是散文作家，是新派画家，是伟大的书法家，是酿酒的实验者，是工程师，是假道学的反对派，是瑜伽术的修炼者，是佛教徒，是士大夫，是皇帝的秘书，是饮酒成癖者，是心肠慈悲的法官，是政治上的坚持己见者，是月下的漫步者，是诗人，是生性诙谐、爱开玩笑的人。

仔细想想，我们真是可以在生活的方方面面感受到苏轼的存在。比如说，中秋节到了，我们免不了会感叹一句"但愿人长久，千里共婵娟"；当我们享受美食时，我们可能会想到东坡肉、东坡肘子这些出自他之手的美味菜谱；当我们吃荔枝时，不免会想到"日啖荔枝三百颗，不辞长作岭南人"的诗句；提到竹子，我们会想到"胸有成竹""宁可食无肉，不可居无竹"的成语和俗语；当我们去西湖游玩时，都要去看看千百年来让人们津津乐道的苏堤春晓、三潭印月；当我们提到庐山或有困惑时，可能会想到那句"不识庐山真面目，只缘身在此山中"；当我们吟诵英雄时，我们会用到他那句"江山如画，一时多少豪杰"；当我们感慨人生时，又可能会抛出一句"人生如梦，一尊还酹江月"；当我们感情失利时，则可能会用上一句"天涯何处无芳草"来安慰自己或别人；甚至当我们听歌时，也会听到他的"明月几时有，把酒问青天""也无风雨也无晴"……

一个人竟然可以如此多才多能，也怪不得民间会有他出生后一时之间吸光了彭老山所有灵气的传说了。不只如此，民间流传的关于苏轼才情的小故事还有很多。

岳珂的《桯史》记载，一次，时为翰林学士的苏轼陪同各国使节对月品茶。席间，一位辽国使节提议玩对联游戏，并先给出了上联："三光日月星"。这位辽国使者自以为自己的上联甚是妙绝，不会有人对得出来。结果却看苏轼不慌不乱，略加思索就给出了答案——"四诗风雅颂"。这个下联不可谓不妙，既满足了数字不重复的要求，又达到不小于三或大于三的苛刻要求。因为《诗经》里就有"风、雅、颂"，其中"雅"分为"大雅"和"小雅"，因而常称为"四诗"。对此，辽国使节很诧异地说："我还以

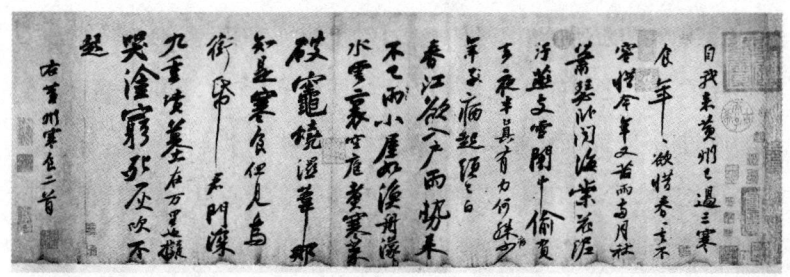

《黄州寒食帖》，苏轼书法作品

《枯木怪石图》，传为苏轼作品

为我这是个绝对呢。"苏轼说："哪里有什么绝对？我这里还有更多的下联。"说着又给出了"一阵风雷雨""四德元亨利""两朝兄弟邦"等下联。辽国使节在佩服不已的同时，也提出了疑问：《周易》"乾"卦里的"四德"应该是"元、亨、利、贞"，你这里为何漏了一字呢？苏轼使了个眼色，你懂的，先皇的"圣讳"可不能说啊！宋仁宗名叫赵祯，祯、贞同音，属于"圣讳"，当然不能说啦！

南宋朱弁的《曲洧旧闻》一书中，记载了苏轼与朋友刘贡父（刘攽，字贡父）之间的一则有趣故事。两人聊天时，苏轼说起曾在科考时吃过的"三白饭"——"一撮盐、一碟生萝卜、一碗饭，乃三白也"，称其味道非常美味。刘贡父把这事记在了心里，后来邀请苏轼去他家吃皛饭。"皛"为皎洁明亮之意，苏轼还以为是什么没见识过的吃食，完全忘了他曾说过的"三白饭"。苏轼从来不是吃嘴上亏的

《苏轼回翰林院图》,明,张路

人,当即说要回请他吃毳饭。刘贡父如期到了苏轼家里,两人一阵"神侃",等到刘贡父实在饿得忍不住催要毳饭时,苏轼笑着说:"盐也毛,萝卜也毛,饭也毛,非毳而何?"刘贡父听了哈哈大笑起来,早知道你要报昨日之"仇",万万没想到会是这一手啊!原来,"毛"即"冇",也即没有之意。"盐也毛,萝卜也毛,饭也毛",也就是什么都没有了。

苏轼日常表现出来的种种轻巧轻松、令人愉悦的"小聪明",与朋友、同僚甚至上司之间发生的令人捧腹大笑的趣事,背后都是以他渊博的学识和"大智慧"为支撑。他把才情、艺术带到了官场、政治、日常生活中,并形成了他极具个人特色的文人、仕宦形象。

苏轼的生活、处事、为人方式的养成,不仅是一种个人天分,更有其家庭教育的影响,同时也有时代、社会的印迹在其中;而苏轼的思想,更是集儒家、道家和佛家三家的思想于一体。

2

我们知道,唐宋八大家中,苏洵、苏轼、苏辙父子三人就占了三席,真正是"一门三父子,都是大文豪",形成这种盛况有苏家家学渊源的影响,但苏轼母亲程夫人也功不可没。民间流传的她"勉夫教子,一代贤母"的故事同样不少。这里我们不多讲了,有兴趣的朋友可以自己去查找。

苏轼本人的思想既融汇了儒家仁民爱物、济世安民的精神,也融合了道家顺应自然、超然物外的思想,同时还兼有佛家持平常心的精神境界,真正是儒道释三家兼容并包。这三种思想在苏轼身上的具体表现为:儒家的执着——有济世安民之心,有对现实人生、入世求事业的一份执着;道家的洒脱——无法入世求事业时,也能顺应自然地跳出来,保持达观的精神,转向于个人生活、自然世界;佛家的圆融——不执迷于尘世,身处逆境时,生出对人生荣辱悲欢的新认识,对万物的悲悯之情。

苏轼的一生三起三落,在这种人生起伏中,他能始终保持着

《三教图》,明,丁云鹏

旷达乐观的态度,并有高效的产出,这与儒释道三家的影响是大有关系的。

(1)苏轼身上的儒家精神很明显,主要表现为两点:

一方面是仁民爱物、济世安民,对世间的一切心怀热爱,对人世生活始终抱以积极光明的态度。

苏轼七岁知诗书,十岁时在母亲教导下读《范滂传》,即生出了要做范滂之志;入朝为官后,他积极上书,希望改变宋朝积弱积贫之状;在外为政时,他积极实干,关注民生,努力为民做实事,其中做得最多的是水利工程;哪怕是在谪贬失意的岁月,他也始终保持着积极乐观的态度,如贬到黄州后,举目无亲的他并没有自怨自艾,而是主动上前、主动找话题、主动营造一种快乐氛围,去和当地乡亲、各种不同身份的人拉近距离交流,为此,他甚至形成了"上可陪玉皇大帝,下可陪卑田院乞儿""眼前见天下无一个不好人"的认知。

另一方面是一身正气,敢为民发声,批判时弊。从这一点来说,其著名的"一

《西园雅集图》,清,华嵒

肚皮不合时宜"的故事和评语，根源也正在于此。正是因为他有一身正气，不容姑息，也才会表现为一肚皮的不合时宜。

（2）苏轼借助了道家思想的自我调节功能。

苏轼接触道家的时间同样很早。早在庆历五年（1045），苏轼八岁时，就进入眉州天庆观北极院随道士张易简读书，直至庆历八年（1048）。对此，苏轼曾在《与刘宜翁书》中回忆道："某龆龀（幼年）好道，倾心《庄子》。"但道家思想对苏轼的影响，更多的是在苏轼中年以后，尤其是"乌台诗案"之后，具体影响也表现在两个方面：

一方面，他很认同道家顺应自然、返璞归真的基本思想。表现在他的心境上，就是面对逆境也能持心宁静，随遇而安，顺其自然。这在他的很多词中也有体现，如"小舟从此逝，江海寄余生""一蓑烟雨任平生""归去，也无风雨也无晴"等。

另一方面，则表现为境界的扩展上，使苏轼的眼光放宽至宇宙万物上，不再因现世的短暂而徒然感伤。体现在诗词中同样不少，如《赤壁赋》中写道："逝者（水）如斯，而未尝往也；盈虚者（月）如彼，而卒莫消长也。盖将自其变者而观之，则天地曾不能以一瞬；自其不变者而观之，则物与我皆无尽也，而又何羡乎！"又如《浣溪沙·游蕲水清泉寺》中，也有"谁道人生无再少？门前流水尚能西，休将白发唱黄鸡"的感叹。这份超然物外的洒脱，使苏轼能始终以乐观旷达的精神笑对人生。

严格说来，道家思想在早期也并非对苏轼没有影响，只是这种影响更多地表现在其政治理念上。苏轼对道家的无为而为是比较认同的，他主张"治道贵清净而民自定"（《盖公堂记》），希望朝廷"以简易为法，以清净为心，使奸无所缘，而民德归厚"（《苏东坡奏议集·卷一》)。也就是说,苏轼并非完全不认同政治改革,也并不反对针砭时弊的改革,甚至也有这方面的理想,但他更倾向于儒家的宽简之政与道家的无为而为相结合,因而才会对以王安石为代表的激进派操之过急的改革表示不认同。

(3)苏轼从小接触佛学,学佛却并不盲从,只从中汲取有益成分。

北宋时期,佛教的中国化已达到一定程度,最直接的证据就是禅宗得到了深入的发展。受家庭环境影响,苏轼从小就接触到了佛学。他的父亲苏洵喜欢同名僧交游,并时常给佛寺捐钱、捐物;他的母亲程氏更是笃信佛教,每天虔诚向佛。

《五老图》,清,汪祈

虽较早接触了佛学,但苏轼学佛,并非虚谈佛理,或是学佛家的清规戒律,而是更加关注佛学对现实人生的切实作用。对于佛学的理解,他在《答毕仲举书》中曾做过一段非常形象的解释:"公之所谈,譬之饮食龙肉也,而仆之所学,猪肉也,猪之与龙,则有间矣,然公终日说龙肉,不如仆之食猪肉,实美而真饱也。"这段话把那些虚玄的佛学比作虚无缥缈的龙肉,即便它再高贵又有何用呢?什么问题也解决不了,自然也就不如普通而实用的猪肉好了。所以,苏轼对佛学

《苏东坡与佛印对话图》，傅抱石

的需求也只是它对人生有益的成分,并将之与自己的人生体验相融,最终使自己的身心真正有所得益。

由此可见,儒道释三家,都是苏轼思想中的重要组成部分。在晚年,他逐渐将其融为一体,构建成了自己的一套思想体系。

3

宋神宗元丰三年(1080),苏轼被贬黄州任团练副使,这一待就是5年。必须指出的是,在黄州的这5年,虽然是苏轼政治生涯中的低谷,但在他的整个人生中,所占地位却非常重要——这不仅是他的文学创作走向巅峰的时期,也是他的人生观、世界观、价值观发生巨变的时期。

让我们先来看一组统计数据:在黄州期间,苏轼创作了诗歌近400首,词近百首,散文近500篇,基本上平均每两天必有一篇作品,每周3篇以上。从质量上看,苏东坡最有影响力的不朽作品基本产生于黄州,从《念奴娇·赤壁怀古》到前后《赤壁赋》,从《定风波·莫听穿林打叶声》到《记承天寺夜游》,从《猪肉颂》到《寒食帖》,都出自黄州时期。

对此,他弟弟苏辙也说,在哥哥苏轼没有被贬黄州之前,在当世的学者中,能与自己不相上下的只有哥哥苏轼,但哥哥被贬黄州之后,他的作品可谓"篇篇皆奇"(苏轼《与陈季常书》)。就比如下面这首著名的《定风波·莫听穿林打叶声》:

《赤壁图》，宋，李嵩

三月七日，沙湖道中遇雨，雨具先去，同行皆狼狈，余独不觉。已而遂晴，故作此词。

莫听穿林打叶声，何妨吟啸且徐行。竹杖芒鞋轻胜马，谁怕？一蓑烟雨任平生。　料峭春风吹酒醒，微冷，山头斜照却相迎。回首向来萧瑟处，归去，也无风雨也无晴。

这首词写于苏轼被贬黄州后的第三个年头。那年春天，苏轼和友人醉归在沙湖道上，风雨突然来袭，同行人皆狼狈不堪，唯有苏轼完全不以为意。"莫听穿林打叶声"一句，除渲染出雨骤风急，更以"莫听"二字点明外物"不足在意"。紧跟其后的"何妨"，又是对"莫听"的很好延伸——在雨中照常缓步徐行。以常理来说，在雨中行走，骑马自然是胜过竹杖芒鞋的，但苏轼却偏偏说"竹杖芒鞋轻胜马"，原因就在于心态——有了平静、悠闲的心态，即使是以竹杖芒鞋行走在泥泞之中，也胜过骑马扬鞭疾驰而去；隐含的意思是，竹杖芒鞋的平民生活与肥马轻裘的贵族生活，哪种是自己想要的呢？苏轼心中的答案无疑是前者。"竹杖"和"芒鞋"也见于苏轼其他作品中，如"芒鞋青竹杖，自挂百钱游"（《初入庐山》）、"不问人家与僧舍，拄杖敲门看修竹"（《寓居定惠院》），可见苏轼对自己所做选择的坚持。由此，随后的"一蓑烟雨任平生"，那份面对人生风雨、政治风雨的洒脱心境也就呼之欲出了。

词的下阕，苏轼笔锋一转，写起了雨后的情景和感受。"料峭春风吹酒醒，微冷，山头斜照却相迎"，富含着趣味性和哲理性：在寒冷中就一定只有寒冷吗？未必，也会有温暖。同理，在逆境中就一定只有悲观、沮丧吗？未必，也包含着希望。在忧患中只有恐惧、抱怨吗？未必，喜悦甚至是意外的惊喜也就在其中。你看，人生就是这般无常，同时也这般有趣，所以辩证地看待人生，在磨难和打击之后，才可能会迎来大收获！在《六月二十日夜渡海》一诗中，苏轼也表达了同感："参横斗转欲三更，苦雨终风也解晴。"凄风苦雨之后，终将是放晴。苏轼没有逃避，进而也就彻悟了人生："回首向来萧瑟处，归去，也无风雨也无晴。"是的，经历过后，又哪里还有什么雨，哪里还有什么晴呢？

经历了"乌台诗案"的生死劫，在黄州的这段沉淀期，苏轼的人生境界跃上了一个新台阶。他的内心开始慢慢趋于冷静而闲适，他的性格也变得旷达而超脱。

在黄州，苏轼有了一块耕地，让他得以成为一个快乐的农夫，并拥有了一个新名字，即后来那个耳熟能详的名字：苏东坡。

《前赤壁赋图》，傅抱石

也是在黄州，他让我们的餐桌上多了几道美食：东坡肉、东坡肘子；也是在黄州，他让我们记住了一处文学地标：赤壁。从此，每当我们想起赤壁时，便都会想起这个名字——苏轼。

同在黄州时期影响范围内，苏轼也加深了我们记忆中的另一处文学地标——庐山的印象。

元丰七年（1084），苏轼由黄州改迁汝州团练副使，赴任前与好友刘格、道潜和尚一起同游了庐山。关于庐山的诗词此前已有不少，其中也不乏为大家熟知的诗仙李白的《望庐山瀑布》，但苏轼兴致上来后，还是忍不住写下了《初入庐山三首》：

芒鞋青竹杖，自挂百钱游。
可怪深山里，人人识故侯。

——《初入庐山三首》其一

青山若无素，偃蹇不相亲。
要识庐山面，他年是故人。

——《初入庐山三首》其二

自昔怀清赏，神游杳霭间。
如今不是梦，真个在庐山。

——《初入庐山三首》其三

庐山给予苏轼的感觉是美好的，但庐山的云雾缭绕，如果不多去几次，就无法看清其真面目。半个月后，苏轼在东林寺长老的陪同下游览了西林寺，虽然已经不是第一次来庐山了，但庐

《庐山高图》，明，沈周

山的神秘感依旧未消失。为什么同是庐山,为什么所处位置不同,感觉就不一样呢?在下山之前,苏轼在西林寺壁上又写下一首诗:

横看成岭侧成峰,远近高低各不同。不识庐山真面目,只缘身在此山中。

看待问题的角度不同,身处的境况不同,同一问题就会有不同的思考方式与答案。"要识庐山面,他年是故人"告诉我们,反复体验对认知真相有重要的促进作用。"不识庐山真面目,只缘身在此山中"则告诉我们,要跳出问题,站在全局的高度去看待、分析问题。身陷局中看问题,只会困于其中,看不清真相。就像置身于云雾缭绕的庐山之中,就无法看清庐山的真面目一样,道理是相通的。王国维《人间词话》中"要入乎其内,又要超乎物外"之语,所说同样是这个道理。

苏轼的庐山一行,庐山组诗,不仅让庐山从感性形象走向了理性形象,同时也是苏轼思想认识变化历程的真实写照。在经历磨难后,苏轼如果只是深陷其中去感悟,反而不通透,只有跳出来,抛弃个人成见,从多角度看待、分析问题,有局部观、有大局观,方可真正认识到事物的全貌和真相。

4

苏轼的超脱与旷达表现在很多方面,不只是在面对重大转折或打击时表现出色,更在于面对种种不起眼的小事时,他也往往会有所思、有所得,甚至还能从种种不同视角上思考,并有所收获。

12. 旷达超脱，光风霁月惹人喜——苏轼

《匡庐图》，五代，荆浩

公元1094年，已年近六旬的苏轼，又被贬到了惠州。在惠州，他经常登山远望，中途几乎不作停留，拄杖而行直到山顶。一次，他走到松风亭下边，因为太累了，忽然想要休息一下再继续前行，看着松风亭还在高处，就担心自己爬不到松风亭，但转而又想，为什么非得到松风亭才能休息呢？为什么不能就在这里休息呢？想到这里，苏轼心里顿时轻松下来，就好比是"心若挂钩之鱼，忽得解脱"（《记游松风亭》）。

这次登松风亭未遂，让苏轼在偶然间有了"即时放下，随遇而安"的觉悟。一段令人沮丧的遭遇，换个角度想，却豁然开朗，这既是苏轼对生活困境的一种积极反抗，也是苏轼乐观豁达、始终不堕品格一面的表现。

公元1096年，在惠州嘉祐寺里，苏轼过起了田园生活。他向当地朋友借了一小块地种菜，虽然面积不足半亩，但也足够他和家人食用了。有时，苏轼没有下酒菜，便摘几棵菜煮来吃，自己种出来的菜，自然口感更加鲜美，甚至可媲美肉食。为此，苏轼还专门写了一首诗《撷菜》：

秋来霜露满东园，芦菔生儿芥有孙。我与何曾同一饱，不知何苦食鸡豚。

寥寥几句，把一个欣欣向荣的菜园描绘得生机盎然、意趣盎然，尤其是"芦菔生儿芥有孙"一句，不禁让人生出志得意满之感，对家中温饱问题的解决，更让苏轼心中满怀感激。

打理并欣赏菜园是苏轼这一时期的主要乐趣之一。天气好时在菜园里耕作，他心情自然舒畅，而雨后游菜园对他来说更是别有一番意趣在其中。《雨后行菜圃》让我们看到，在诗人的笔下，我们常见的生活，常见的现象中所包含的韵味、意趣是那么丰富：

梦回闻雨声，喜我菜甲长。平明江路湿，并岸飞两桨。天公真富有，膏乳泻黄壤。霜根一番滋，风叶渐俯仰。未任筐筥载，已作杯案想。艰难生理窄，一味敢专飨。小摘饭山僧，清安寄真赏。芥蓝如菌蕈，脆美牙颊响。白菘类羔豚，冒土出蹯掌。谁能视火候，小灶当自养。

雨后的菜园里一片生机勃勃，带着雨露的青翠瓜果更加招人喜爱，也更让身为资深吃货的苏轼脑洞大开，看着这些鲜嫩的食材，心中盘算起该怎样烹煮了……面对农作物成熟的快乐，老农会忍不住咧笑乐开了花，而苏轼的字里行间也尽现那份喜不自胜的感情，对成熟后的畅想，甚至好似已经让人闻到了空气中飘荡着的那诱人的饭菜香气……

可见，与初贬黄州时相比，苏轼在岭南时的心态确实显得更加平静，曾经的苦痛已经变化成甜甜的赞歌；同时尽现他面对富贵生活可安然享受，面对贫苦日子也能怡然自得的人生态度。

苏轼在惠州的日子总体来看依然十分舒畅，虽然贫穷，但远离了官场的争斗，没有什么压力，让他的生活充满了诗和远方，甚至让他生出了"日啖荔枝三百颗，不辞长作岭南人"的念头。

苏轼的逍遥自在，传到京城，让一些人心中不快了，于是苏轼再次被贬谪到了生活更为艰辛的儋州。

但身在何方，对苏轼几乎已经没有了影响。在儋州期间，他依然惬意不减，创作兴味不减，写有《谪居三首》。

在《旦起理发》一诗中，发现了早上起来，迎着海风洗脸梳头的好处，描绘了那份"一洗耳目明，习习万窍通"的清爽与舒畅。

在《午窗坐睡》一诗中，则描绘了吃完午饭，在窗下蒲团上双

《东坡题竹图》,明,杜堇

腿盘坐,两肘靠在竹几上,放空自己,悠闲地睡上一会儿,真是"身心两不见,息息安且久"。

在《夜卧濯足》一诗中,虽然只是描绘了睡前洗脚这样一件小事,但其中的趣味与感慨,却让我们时而乐不自禁,时而又忍不住想为作者思想上的通透点赞——"况有松风声,釜鬲鸣飕飕。瓦盎深及膝,时复冷暖投。"一边听着炉火烧水时发出的如"松风"一般的声音,一边往及膝深的瓦盎(瓦盆)里不时地添加着冷水和热水(让人一下子想到热水加多了,烫得忍不住再加冷水的形象、生动而有趣的画面),我们也随着作者一起消去了一身疲惫,身心舒畅起来。"明灯一爪剪,快若鹰辞韝。"洗完脚,自然也要顺手在灯下修剪一下脚指甲,苏轼的文采真是随时随地都有可能爆发出来,只是剪脚指甲,也描绘得让人乐不可支,竟然有了"鹰辞韝"的想象,指甲离脚趾而去,我们的脚也随之变成了摆脱羁绊的雄鹰,得以直冲云霄,飞向更广阔的天空。这份舒畅的感受,我们读来都忍俊不禁,苏轼会说出不会再稀罕那"冠履装沐猴"的日子,自然也就是顺理成章的事儿了。

苏轼一生三起三落,共从政40年,在地方做官33年,在朝廷7年;执政28年,被贬谪在外12年。到老依然保持这份旷达与洒脱的

苏轼像

品性，除了天性外，他这种不纠缠于既成事实，不纠缠于过往，不画地为牢，而是把眼光放到当下、放到当前生活的应对之法，是很值得我们去学习的。当我们面对人生的不如意，为何一定要强力而行呢？何不也换个视角，注重当下，活在当下，发现当下之美，可能反倒会自然而然地走出困境。

是的，人生从来不是一条直线，不是一味地向上攀爬的，当人生行进到曲线处时，不妨放慢脚步去欣赏——生命旅程中有太多各种类型的美景，虽然谁也无法全都欣赏，但我们也不能放任自己全部都错过吧？只要你愿意，前进、停留，停留再前进，欣赏远方风景，细看近前的细微之美，体会其中之曼妙，未尝不是人生一大乐事！

我们喜欢苏轼，欣赏苏轼，不仅是因为他有超然物外的人生境界，更因为他面对困境时的种种心灵解脱之法。这样的苏轼如何能活得不开心？又如何能不令人喜欢呢？

13. 一代词宗，美丽、卓然与哀愁
—— 李清照

李清照（1084—1155），号易安居士，南宋女词人，婉约派代表人物。其父李格非，北宋文学家、苏门后四学士之一，夫赵明诚为金石考据家。早年生活安定，词作多写其悠闲生活与相思之情；金兵入侵后，遭遇国家剧变，词作多感慨身世飘零。

李清照及其作品既有巾帼之淑贤，亦兼须眉之刚毅；既有常人愤世之感慨，又具有崇高的爱国情怀。她不仅有卓越的才华，渊博的学识，也有高远的理想，豪迈的抱负。她的词作在艺术上达到了炉火纯青的境界，形成了独有的"易安体"。她被誉为"词家一大宗"。

1

宋神宗元丰七年（1084），李清照出生在济南章丘一个博学之家。

李清照的父亲李格非精通儒家经典，曾任太学录、太学博士等官职。李格非一生著作颇为丰富，有诗文45卷，学术理论著作《礼记精义》16

卷、《永洛城记》1卷等,为"苏门后四学士"(李格非、廖正一、李禧、董荣)之一。李清照的母亲王氏同样家学渊源深厚,其祖父王拱辰曾任翰林学士、吏部尚书等职。生长在这样的家庭环境中,王氏自然也耳濡目染,正如《宋史·李格非传》记载,王氏"亦善文"。

有这样一对才学渊博的父母,李清照受到的教育自然不会差。再加上李清照天资聪颖,小小年纪就已经显示出过人的艺术才能。来看李清照的一首词。

常记溪亭日暮,沉醉不知归路。兴尽晚回舟,误入藕花深处。争渡,争渡,惊起一滩鸥鹭。(《如梦令·常记溪亭日暮》)

《荷花图》,清,任颐

我们从中可以发现,李清照从小生活在一个和谐美满幸福的家庭中。否则,儿时的李清照不会有这样生机盎然的生活乐趣。词中短短几句,就勾画出一幅生动优美又有意境的画面:李清照和一帮儿时的好朋友到溪亭去玩耍,不知不觉,太阳快要下山了,该回家了。于是,急急忙忙地划着小船儿,却"误入藕花深处",怎么办呢?一句"争渡,争渡",很有情趣地表达了当时李清照及一帮好伙伴着急的样子,还"连累"了那一滩的鸥鹭。一首《如梦令·常记溪亭日暮》不知道让多少人回忆起童年时代的美好时光。

昨夜雨疏风骤，浓睡不消残酒。试问卷帘人，却道海棠依旧。知否？知否？应是绿肥红瘦。(《如梦令·昨夜雨疏风骤》)

这首词描写的应是少女时期的生活与情思。"试问卷帘人，却道海棠依旧"，一个"却"字显示了侍女的迟钝与漫不经心，并引出了女主人的回答，"知否？知否？应是绿肥红瘦。"在"绿肥红瘦"的鲜明对比中，彰显出伤春又思春的闺中人对自然、对人生的感悟。

李清照年少便享有盛名，书香门第出身，再加上年轻貌美，自然会让她备受瞩目。一个叫赵明诚的太学生对李清照朝思暮想，连做梦梦见的都是她。根据元人所著《琅嬛记》记载：

赵明诚幼时，其父将为择妇。明诚昼寝，梦诵一书，觉来惟忆三句，云："言与司合，安上已脱，芝芙草拔。"以告其父，其父为解曰："汝待得能文词妇也，言与司合是词字，安上已脱是女字，芝芙草拔是之夫二字。非谓汝为词女之夫乎。"(伊士珍·《琅嬛记》)

赵明诚真是用心良苦啊！想出这么一招，以梦托言，以梦表意。"词女之夫"中的"词女"会是谁呢？赵明诚的父亲赵挺之想来想去，除了李清照，还真找不出第二个人来。

赵挺之是何许人也？赵挺之，山东密州人，与李格非同朝为官，当时为吏部侍郎。此人深谙政治之道，且聪明干练。王安石变法的时候，他做了明智的选择，隶属改革集团。变法失败后，反对派重新掌权，赵挺之依然受到重用。可见这个赵挺之还真不简单。

李清照的父亲李格非是苏门后四学士之一，是"苏轼一流"。而苏轼对赵挺之很不喜欢，"挺之聚敛小人，学行无取"(《宋史·赵挺之传》)。苏轼认为赵挺之就是一个只知道搜刮钱财，以此聚敛暴富，品行有问题的人，不配担当朝廷重任，在学问上也不足取。我们都知道，李清照后来是嫁给了赵明诚的，而且两人过得还挺幸福。那么，两个立场对立的家庭是如何成为亲家的呢？难道李格非也看中了赵挺之的权势，把女儿作为"政治投资"嫁入了赵家？

李格非并不是我们想象的那种人，而是一个为官清廉、为人正直的人。

更重要的一点是，李格非思想开通，看重女儿的幸福，不属于那种主张包办婚姻的"严父"。

赵明诚跟他父亲不一样，品行还不错，爱好诗文，也有着很好的前途。早在年少时期，他就以金石收藏而在士大夫中间颇有名望。

赵明诚真心喜欢李清照，李清照也对赵明诚有好感，两人的姻缘可说是门当户对、情投意合。

那么两人的相识或说见面是什么情形呢？我们来看李清照写的一曲牌名为《点绛唇》的词：

蹴罢秋千，起来慵整纤纤手。露浓花瘦，薄汗轻衣透。见客人来，袜刬金钗溜，和羞走。倚门回首，却把青梅嗅。

大家注意这首词里的"和羞走""倚门回首"，这两句隐藏了一个重大的信息，似乎李清照和赵明诚真的是进行过一次"相亲会"。先是"和羞走"，而后又"倚门回首"，是什么人让李清照或者说一个芳龄妙华的女子如此紧张又满脸害羞地跑开，然后又不舍地倚靠在门边回望呢？如果这首词的女主人就是李清照自己，那么让李清照"和羞走"又"倚门回首"的人不正是赵明诚吗？"却把青梅嗅"，这分明是欲盖弥彰，把少女害羞却又忍不住多看郎君一眼的复杂心情表露无遗。

赵明诚和李清照的这次"相亲会"，如果用电影的拍摄手法将之重现，那画面与场景一定非常优美动人，有趣含蓄，既有女性的娇羞之美，又有男性的潇洒翩然，这些元素交织在一起，足以让人怦然心动。

有人可能要说，以上的描述不过是推测或者假设，但是推测或假设也是建立在一定的事实基础之上。如果李清照没有经历这些事，又如何能这样直抒情感，如何将一个人内心的状态描写得如此真实，如此有趣？又如何描绘出词中那般活泼、伶俐好动、多情的"和羞走""倚门回首"的女子形象来呢？

相亲会结束了。李清照与赵明诚何时能喜结连理呢？宋徽宗建中靖国元年（1101），21岁的赵明诚与18岁的李清照有情人终成眷属。

《靓妆倚石图》，清，改琦

2

卖花担上，买得一枝春欲放。泪染轻匀，犹带彤霞晓露痕。怕郎猜道，奴面不如花面好。云鬓斜簪，徒要教郎比并看。

李清照这首《减字木兰花·卖花担上》描写了她婚后放纵恣肆的生活情趣，应是宋徽宗建中靖国年间嫁给赵明诚后所作。

"怕郎猜道，奴面不如花面好"这一句写得很有情调，尽展新婚女子那种娇嗔之态，及婚姻生活中所洋溢出的幸福感。甚至，我们都可以在脑海里浮现出这样一种画面，美丽的少女娇羞地缠着自己的夫君，问他自己到底美不美，有多美。

李清照和赵明诚的生活中不只是卿卿我我，毕竟两人身上有着共同的身份特质，就是对高雅文艺生活的追求。这一点，从李清照的很多诗词中都可以看到。

根据《金石录〈后序〉》中的记述，李清照和赵明诚在每月的一日和十五日都要去当铺当掉自己的财物，然后换取一些钱去大相国寺淘宝。由于夫妻二人如此热衷于淘宝，有人就曾拿着南唐著名画家徐熙画的《牡丹图》找到他们，出价20万。这超出了夫妻二人的购买力，只能将画放在家中欣赏了两个晚上，最后才不舍地将画归还物主。李清照在《金石录〈后序〉》中有记载："尝记崇宁间，有人持徐熙《牡丹图》，求钱二十万……留信宿，计无所出而还之。夫妇相向惋怅者数日。"

后来，李清照在回忆当年的幸福生活时说："每朔望谒告出，质衣取半千钱，步入相国寺，市碑文果实归，相对展玩咀嚼，自谓葛天氏之民也。"（李清照·《金石录〈后序〉》）在这段记述里，李清照提到一个很重要的词汇，即"葛天氏之民"。什么是葛天氏之民？葛天氏乃上古时期的一个部落酋长，在他的带领下，部落的居民淳朴自在，悠闲自得，幸福得很。李清照把她与丈夫赵明诚之间的生活比作"葛天氏之民"，可见他们婚后的生活真的很幸福，让人羡慕。可是，正当他们沉浸在与世无争、悠闲自乐的甜蜜生活中时，一件突如其来的大事让幸福的生活起了波澜。

《人物图》,清,任颐

宋徽宗决定再次推行王安石变法,并任命蔡京为宰相。而赵挺之是蔡京的坚定支持者与追随者,也就跟着青云直上,成为副宰相,最后成为宰相。与赵家的位高权重相对应的是,身为旧党一派的李格非则受到牵连。

既然事情已经发生,那自然要想办法解决。李清照给公公赵挺之写了一首诗,请求赵挺之解救李格非。

赵挺之没有答应李清照的请求。

赵挺之为什么没有解救李格非?这个倒不难理解。首先,这个时候解救李格非,无疑是"顶风作案",也与自己的政治立场不相符合。其次,解救李格非,不但没有任何好处,反而会使自己的仕途受到影响。基于这两点,赵挺之自然不会做这样的"赔本买卖"。

李清照的丈夫赵明诚跟他父亲有所不同，至少在一些问题的认识上他与父亲有分歧。比如在当时严厉打击旧党的背景下，赵明诚依然收藏苏轼等人的作品。可以肯定的是，赵明诚的做法至少在情感上能让李清照好过一些，不会觉得自己当初选错人，赵明诚值得自己去托付一生。

世事总是瞬息万变。当旧党人物被——驱逐贬谪后，赵挺之与蔡京的矛盾也开始显露出来。最后，赵挺之在与蔡京的斗争中落败，没过多久，便病死了。赵挺之一死，赵家的灾难接踵而至，赵明诚的几个兄弟也因此受到牵连，被打入监狱。虽最终赵明诚得以清白，却遭到了官职的罢免，只能回山东青州老家，这一住就是十年。在这十年中，虽然政治上受到打击，经济上也并不宽裕，但李清照和赵明诚凭借着"虽处忧患困穷，而志不屈"的良好心态，过着平静又幸福的生活。

在青州的十年赵明诚完成了他的金石学著作《金石录》，这是继欧阳修的《集古录》后很有影响力的金石学专著。赵明诚也因此成为宋代著名的文物收藏家与研究家之一。《金石录》的完成李清照也功不可没，共同的爱好让二人的感情更加深厚，也让赵明诚对她更为爱护与感激。根据况周颐在《蕙风词话》中的记载，在宋徽宗政和四年（1114），赵明诚曾在李清照的画像上题词，上书"清丽其词，端庄其品，归去来兮，真堪偕隐"（《况周颐·蕙风词话》），言语之中尽显对李清照的赞誉与感激之情。

只是，二人这种神隐生活，随着赵明诚仕途的转机出现了变化。

在赵明诚因做官而与李清照分离的期间，李清照写了很多因相思而愁的词。比如我们熟悉的《一剪梅》，"花自飘零水自流，一种相思,两处闲愁"。又如,《醉花阴》,"莫道不消魂,帘卷西风,人比黄花瘦"。再如,《点绛唇》,"寂寞深闺,柔肠一寸愁千缕"。

香冷金猊,被翻红浪,起来慵自梳头。任宝奁尘满,日上帘钩。生怕离怀别苦,多少事、欲说还休。新来瘦,非干病酒,不是悲秋。

休休!这回去也,千万遍《阳关》,也则难留。念武陵人远,烟锁秦楼。惟有楼前流水,应念我、终日凝眸。凝眸处,从今又添,一段新愁。

从表面内容来看,这首《凤凰台上忆吹箫·香冷金猊》无非是李清照在思念远在外地做官的赵明诚。"香冷金猊,被翻红浪,起来慵自梳头",这句话很好理解,丈夫不在家,就算打扮得再美,又能给谁看?换句话说,赵明诚已经很久没回家了,只有李清照独自一人深居家中。再往下读,"多少事、欲说还休",李清照内心的痛苦挣扎呼之欲出,却又被压了回去,随之有了后边的"休休!"——罢了!罢了!算了!算了!就算我唱一千万遍的《阳关曲》,依然不能留住他,让他不要远行。

接下来有两个关键的词汇,"武陵人远"与"烟锁秦楼"。"武陵人远"出自刘义庆《幽明录》中的一个传说。大意是说汉朝的两个采药人刘晨和阮肇在天台山采药的时候迷路了,遇到两个美丽动人的仙女后,"乐不思蜀"了。跟仙女一起生活了大半年后,才发现人间已过了六世。而"烟锁秦楼"则出自《列仙传拾遗》。大意是说,有个叫萧史的人善于吹箫,而秦穆公的女儿弄玉也擅长吹箫。因此,秦穆公便把女儿许配给了萧史。后来,萧史教弄玉作凤凰之鸣,把凤凰给招来了。最后,夫妻二人乘凤而去,大概是成仙了。

李清照为什么要引用"武陵人远"与"烟锁秦楼"这两个典故

李清照《凤凰台上忆吹箫·香冷金猊》词意图

呢?担心自己的丈夫有外遇?还是远在外地会"迷途"?所以才会"多少事、欲说还休",所以才会"从今又添,一段新愁"?

那么,李清照和赵明诚之间到底发生了什么呢?他们的婚姻有危机了吗?

3

在大众的眼里,李清照和赵明诚是幸福的一对。事实确实如此吗?这就需要我们在现有的历史材料中去探寻蛛丝马迹。

宋徽宗宣和三年（1121），41岁的赵明诚接到朝廷的任命，去山东莱州做知州，把李清照带在了身边。在此之前，夫妻二人应该分居了两年。夫妻团聚后，李清照写了一首很耐人寻味的诗——《感怀》：

寒窗败几无书史，公路可怜合至此。青州从事孔方兄，终日纷纷喜生事。作诗谢绝聊闭门，燕寝凝香有佳思。静中吾乃得至交，乌有先生子虚子。

在这首诗之前，李清照写有一段小序：

宣和辛丑八月十日到莱，独坐一室，生所见皆不在目前。几上有《礼韵》，因信手开之，约以所开为韵作诗。偶得"子"字，因以为韵，作感怀诗云。

大意是说，李清照到了莱州后，独自一个人坐在房间里，因为没有之前满屋的书籍与字画陪伴，无所事事，只能翻一翻茶几上放着的一本《礼韵》（即《礼部韵略》，为考试所用，相当于现在的考试教材）。随意翻到以"子"字为韵的页面时，写下了《感怀》一诗。

单看这段小序，我们都能感觉到李清照到莱州后并不快乐，总是与孤独相伴。与以往李清照写的诗词相比，《感怀》一诗充满了一种抱怨，不同于之前那种相思与离别的衷情诉说。大家注意诗最后的那两句话，"静中吾乃得至交，乌有先生子虚子"，谁说我没有真正的朋友呢？我有的，一个是子虚，一个是乌有。"子虚"和"乌有"连在一起，言下之意，李清照失去了以往她曾拥有的美好的一切。

李清照到了莱州，夫妻二人是相聚了，但赵明诚并没有将心思放在她身上。可以看出李清照心中有很大的怨气，问题不出在生活琐事上，而是另有原因。

其中一个原因在于当时的社会风气。我们知道，宋代很流行蓄养侍妾和歌伎。赵明诚也是其中一员。对此，李清照在《金石录》后序中写得很隐晦，但我们依然可以发现，"取笔作诗，绝笔而终，殊无分香卖履之意"。这是李清照描述夫君赵明诚临死前的情景，大意是说，赵明诚知道自己时日不多，在做临死前的财产分配。"分香卖履"这个典故语出曹操的《遗令》。曹操在临死前将自己家中的财产交付给诸位夫人、小妾。李清照在这里说赵明诚没有像曹操临死前那样做，正好说明了赵明诚是有侍妾的，甚至还跟歌伎有过密切的交往。

还有一个原因就是子嗣问题。李清照和赵明诚婚后一直没有子女，这也是让李清照一直"欲说还休"的重要方面。

李清照与赵明诚之间存在问题，是不是就意味着他们之间的感情走到了尽头呢？他们的婚姻又会走向何方呢？

从赵明诚临死前把财产全部交付于李清照这一点来看，他们的婚姻是没有发生变化的。靖康二年（1127）的靖康之变后，李清照和赵明诚的生活受到了很大的影响。尤其是宋高宗建炎三年（1129）二月，赵明诚在江宁担任知府期间，御营统制官王亦准备叛乱，却走漏了消息，被江东转运使李谟知道消息告诉了赵明诚。身为朝廷官员，赵明诚却不仅不予理睬，反而趁着晚上跑了。知晓此事后，李清照未做任何评论。当年四五月，二人过乌江时，李清照有感于项羽的悲壮，写下了那首著名的《夏日绝句》，从中可以看出李清照的态度。

生当作人杰，死亦为鬼雄，至今思项羽，不肯过江东。

后来，赵明诚也意识自己在江宁犯下的错误很严重，因此陷入深深的自责、愧疚，甚至是羞耻中。此后赵明诚一蹶不振，不久后便因急病而亡。

赵明诚死后，李清照更加孤立无助了。

4

赵明诚死后，李清照虽然竭尽全力地保护那些文物字画，却依然显得力不从心，有很多珍贵的文物先后在洪州、剡州、越州三个地方大量丢失。

这三次文物的丢失对李清照的打击是相当大的。还有很多人对她所有的文物垂涎三尺。如何保护现有的文物呢？唯一的办法就是找到一个靠山。经历丧夫之痛后，从情感需求或生活状况来说，李清照却需要重新组建一个家庭。就在这期间，一个叫张汝舟的人出现了，两人很快走进了婚姻。张汝舟是右奉承郎监诸军审计司，官不算大，大致属于七品到八品的样子，其职责主要是负责检查核准军队的粮草与俸禄。

李清照是如何认识张汝舟的呢？又为什么会答应张汝舟的求婚呢？

李清照在写给翰林学士綦崇礼的一封信里有详细的交代。

近因疾病，欲至膏肓，牛蚁不分，灰钉已具。尝药虽存弱弟，应门惟有老兵。既尔苍皇，因成造次。信彼如簧之说，惑兹似锦之言。弟既可欺，持官文书来辄信；身几欲死，非玉镜架亦安知。僶俛难言，优柔莫决。呻吟未定，强以同归。（《投内翰綦公崇礼启》）

李清照说她现在是重病缠身，几乎是病入膏肓，甚至家人都在准备后事。自从赵明诚病故后，照顾我的人就只剩下弟弟和照管门户的老用人。也正是在这样的凄苦生活下，我才轻信了张汝舟，被他的花言巧语所蒙骗。也正是因为我病情严重到快要死掉，而我的弟弟又是那种老实可欺之人,他轻信了媒人的欺骗之语,在急迫之间,在反复犹豫之中答应了与张汝舟的婚事。

通过这段描述,至少可以得出四点结论:

(1)张汝舟主动接近李清照。至于出自何种动机,现在不得而知。

(2)张汝舟是一个懂得女人心的人。在李清照病重期间,给予了无微不至的呵护,还特意请了媒人前来提亲。

(3)出于对今后生活的考虑,李清照接受了张汝舟的感情。

(4)逼不得已。病痛的折磨,流亡之苦,丧夫之痛,再加上情感上的需求,种种复杂的因素掺杂在其中,使李清照不得不答应这门婚事。

《李清照像》,清,崔错

李清照就这样嫁给了张汝舟，结婚后却发现这是一桩让她后悔不已的婚姻。

根据《投内翰綦公崇礼启》的相关描述，张汝舟跟李清照结婚，是因为看上了李清照手里的文物。结婚后张汝舟才发现李清照手里没有多少值钱的东西了，再加上李清照也留了一个心眼，并没有将手中的文物全权交给张汝舟处理。双重的失望下，张汝舟的真实面目很快显露出来了，原先对李清照的百般呵护不过是虚情假意罢了。张汝舟还对李清照原本就非常虚弱的身子毫不顾惜，拳脚相加。

李清照实在是无法忍受这样一桩带有夺取钱财并伴有拳脚虐待的婚姻。经过一番思考，她做出了一个惊人的举措，离婚！幸运的是，最终离掉了。

经历了这般不幸，50多岁的李清照还能像以前那样焕发诗情，坚强地活下去吗？答案是肯定的。否则，李清照也不会成为一代词宗了。

5

李清照在词学的创作与研究上都独成一家，不仅开创了"易安体"，还写下了著名的词学理论《词论》。正如李清照在《词论》中所说："乃知词别是一家，知之者少。"

李清照认为，与诗文相比，词是一种别具一格的文体，不能跟诗歌混为一谈。诗歌有诗歌的特点，词有词的特点。虽然两者之间存在着某种共性，但不能因此混为一谈。词就应该有词独特的一面，不能弄得不伦不类。

之前的那些名家，在创作词的时候，掺杂了诗歌或者散文的特点于其中，因而没有形成"别是一家"的局面。李清照的《词论》大致完成于她与赵明诚在青州居住期间。那时的李清照不过二十五六岁，如此大胆甚至有些骨头里挑刺般地评价前人名家的诗词，引得很多人极为不满，认为李清照太过狂妄，自不量力。但事实胜于雄辩，李清照的词真的是超逸绝伦，影响深远；而她"别是一家"的学说也成为中国词学的重要观点之一，并对词今后的发展起到了巨大的推动作用。

她笔下流淌出的众多千古名句，至今还深深打动着我们的心——

"花自飘零水自流，一种相思，两处闲愁"；"此情无计可消除，才下眉头，却上心头"；"莫道不消魂，帘卷西风，人比黄花瘦"；"寻寻觅觅，冷冷清清，凄凄惨惨戚戚"；"千古风流八咏楼，江山留与后人愁"……

这不正是李清照"别是一家"的最佳写照吗？

花开花落花无悔，缘来缘去缘如水。花谢为花开，花飞为花悲。花悲为花泪，花泪为花碎。花舞花落泪，花哭花瓣飞。花开为谁谢，花谢为谁悲。（李清照·《残花》）

一首让人看花眼的"花"之诗，不仅很好地展现了李清照"别是一家"的才华，似乎也成为她人生的最佳写照。

14. 泪溅龙床，但悲不见九州同
——陆游

陆游（1125—1210），字务观，号放翁，南宋著名爱国诗人。一生笔耕不辍，以诗的成就最高，曾自言"六十年间万首诗"，今尚存9000余首，是我国现有存诗最多的诗人。多以抗金杀敌为主要内容，抒发对敌人、卖国贼的仇恨和血洒战场的豪情，诗风雄奇奔放、沉郁悲壮，洋溢着强烈的爱国主义激情。因诗在思想上、艺术上取得的卓越成就而有"小李白"之称，是南宋一代诗坛领袖。

陆游毕生坚持抗金，虽在仕途上屡受排斥、打击而不悔。而长期的军事生活丰富了他的文学内容，使其作品吐露出万丈光芒。

1

陆游出生的前夜，他的母亲梦见了北宋著名诗人秦观。秦观字少游，陆游的父亲陆宰干脆就拿秦观的名字做文章，陆游的名字就是这样来的。

陆游家学渊源深厚。他的祖父陆佃曾经跟随著名宰相王安石学经，担任过礼部尚书、吏部侍郎等重要职务，后来在党争中受蔡京的排挤，被罢为中大夫知亳州，有著作二百四十二卷，成为陆氏家学。

陆氏家学的确让陆氏的子孙受益颇多。比如陆游的父亲陆宰，曾做过淮西常平使者、淮南计度转任副使。陆游有兄弟四人，他们都当上了知州或者通判。

陆游出生在父亲陆宰调回京城的路上。一家人由楚州至汴京，坐船经过淮河。当时遇到连续的狂风暴雨，船无法航行，为了安全便在岸边停靠下来，此时陆游在船上出生了。这一天为宣和七年（1125）十月十七日。说来也怪，陆游一出世，一直不停地狂风暴雨竟然立刻就停了。

这种异常有什么寓意吗？是不是也寓意了大宋王朝的风雨飘摇呢？这对陆游来说会不会不是一个好兆头？看陆游的一生，确实也像他出生时的情形一样，始终生活在风雨飘摇之中。对此，陆游的诗中也有提到"我生学步逢丧乱"（《三山杜门作歌》其一）。

陆游出生后的第二年，一场猛烈的暴风雨将大宋摧残得支离破碎，金兵攻陷北宋首都汴京。陆游一家不得不东躲西藏，历经千辛万苦才回到老家山阴。

陆游是在战火纷飞的年代中成长的，且深受父辈们的影响，比如他的叔父陆宷，使陆游对军事和习武的兴趣大增。身为主战派，陆宷在金兵直逼东京时，在陈留成功阻止了金兵。可惜，陆宷后来被罢官，人生的最后24年都是在老家山阴过着闲居生活。陆游在这20多年的时间里深受陆宷的影响。

此外，陆游的父亲陆宰曾带着全家在东阳一支民间组织的抗金队伍处住了三年。也因此，陆游6岁到9岁这三年，除了读书写字，剩下的时间就跟那帮抗金义士舞刀弄枪去了。陆游曾说自己最擅长的武艺是剑术，说自己"学剑四十年"（《醉歌》），"切勿轻书生，上马能击贼"。（《太息》）这并不只是说说而已，陆游曾镇定自若地一枪刺死猛虎。

在文这方面，陆游说他"读书三万卷"（《醉歌》），其中也包括兵书。因此陆游是一个能文能武的全才。"学成文武艺，货与帝王家。"陆游要实现他的人生价值，也就必然要开始他的科考之路。

陆游考试顺利吗？不顺利，不是他自身才学的问题，而是他运气不好，碰到了大奸贼秦桧。陆游连考两次都没考上，这跟秦桧脱不了关系。

公元1153年，29岁的陆游再次来到临安参加考试。这一次，陆游的运气更背，碰上秦桧的孙子秦埙也参加考试并且放话要拿第一名。

或许是否极泰来。陆游这次是有惊无险，碰上一个有眼光、有胆识的"好好先生"做主考官，此人名叫陈之茂。陈之茂不买秦桧的账，一看陆游的文章，大笔一挥，陆游第一名，秦埙第二名。

考试结果一公布，秦桧跟秦埙气得吐血，然后秦桧跟宋高宗说了陆游一大堆坏话，最后让陆游殿试没通过。主考官陈之茂也因此被秦桧陷害，丢了官。本来秦桧还想弄死陈之茂的，不过他没机会了。因为秦桧在这次考试后的第二年就死了。

陆游通过这次考试也并非一无所得。他在殿试后名气越来越大，他把自己这次考试的失利看成是一次壮举。后来在《放翁自赞》中他自豪地说："名动高皇，语触秦桧。"很多人都不敢跟当今皇上提恢复中原之事，不敢得罪秦桧，我陆游就敢。

秦桧死后，一向主和的宋高宗突然改变了态度，开始抑制主和派的势力，重新起用主战派的一些重要人物。

在这样的政治背景下，陆游的老师曾几重新出山了，被朝廷任命为礼部侍郎。陆游感觉自己的春天要来了，于是决定毛遂自荐。毛遂自荐后，陆游被朝廷任命为福州宁德县的主簿。两年后，36岁的陆游被调到京城临安，担任敕令所删定官，负责编纂已经公布的法令。过了一年，37岁的陆游被调往大理司直兼宗正簿，专门为皇家编纂玉牒。这个职位让陆游有机会亲见高宗，进而做出了一件震惊朝野的事。

2

陆游到底做了什么事呢？陆游在《十一月五日夜半偶作》中有记载："后生谁记当年事，泪溅龙床请北征。"原来，陆游是要让宋高宗御驾亲征。他一脸悲愤的表情站在宋高宗面前，说皇上您一定要御驾亲征，这样前方的将士们才能同仇敌忾。为此，我陆游愿意做您的马前卒，誓跟金人战斗到底！陆游越说越激动，居然哭了起来，甚至把眼泪甩到了宋高宗的龙椅上。

这就是著名的泪溅龙床事件。有人要问了，陆游如此胆大妄为，宋高宗不杀他吗？没有，宋高宗怎么也不会在这个节骨眼上杀他。最后的结果是，陆游被贬回老家去了。

陆游卷起铺盖回老家山阴后，一待就是三年。

绍兴三十二年（1162），宋高宗决定禅位，将皇位让给太子赵昚。六月，太子赵昚即位，改元隆兴，史称宋孝宗（宋孝宗赵昚并非宋高宗赵构的亲生儿子，而是他的养子)。对宋孝宗的即位，陆游曾作诗表达当时的激动心情，"呜呼！桥山岁晚松柏寒，杀身从死岂所难！"（《三山杜门作歌》）宋孝宗即位后，启用了一批有实力、有才华又值得信赖的人。陆游也是其中的一员。陆游能被宋孝宗看上主要有两点原因：

（1）朋友、哥们、上司的极力推荐。陆游的朋友周必大仕途比较顺利，最后官居丞相，被封为益国公。他非常关照陆游，特别是在宋孝宗即位后。与之同时，陆游的上司史浩和黄祖舜也大力推荐陆游。

（2）陆游有真才实学。宋孝宗曾问周必大，当今诗人里谁比得上李白？周必大回答说陆游。这并非周必大信口开河，陆游有一个外号叫小李白，陆游当时的地位跟李白在唐朝时的一样。连同时代的朱熹都很佩服陆游，在《答徐载叔赓》中说"近代唯见此人，为有诗人风致"，并说陆游的诗"在今当推为第一流"。（《答巩仲至》）此外，陆游在历史方面也是行家，曾撰写了著名的《南唐书》。

宋孝宗在召见陆游的时候曾对陆游进行全方位的考验，问及的内容涉及诗文、历史、政治以及军事，陆游均对答如流，观点独到。《宋史·陆游传》记载："力学有闻，言论剀切。"

此后陆游就直接被赐为进士，不用通过科举考试就及第。宋孝宗时期获得这样殊荣的只有两个人，正如《渭南文集卷五·辞免赐出身状》记载："惟是科名之赐，近岁以来，少有此比；不试而与，尤为异恩。"这说明宋孝宗对陆游是多么信任，不用考试直接就进士及第。孝宗在淳熙十六年（1189）亲自下旨任命陆游为礼部郎中，属于正六品。这是宋孝宗禅位前任命的最后一位官员，如此恩待陆游，可见宋孝宗对陆游是多么地看重。

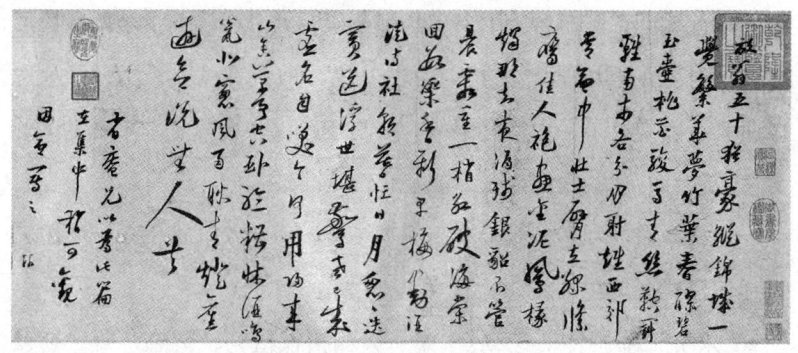

《怀成都十韵诗卷》，宋，陆游

那么，受看重的陆游在宋孝宗期间有没有实现自己的政治理想呢？事情没这么简单，陆游又遇到了新挫折。

3

宋孝宗是南宋史上比较有作为的一个皇帝。

赵昚即位后，励精图治。首先是重用主战派，任命他的老师史浩为右丞相，任命抗金将领张浚为枢密使，并将江淮一带的兵权全部交予他。宋高宗时期，张浚一直被排挤，赵昚重用张浚表明了他主战的决心。

其次是为岳飞父子平反，追复岳飞的原官，厚礼改葬岳飞。同时，还四处寻找岳飞的后人，准备破格录用。

由此，朝廷的格局一下子明朗了——主战派掌权，朝廷上下抗金情绪高涨。

在此期间，陆游曾上书要求迁都建康，并分析当前抗金的敌我形势，同时主张重用西北人才。对此，《上二府论都邑札子》和《论选用西北士大夫札子》中均有记载。陆游还建议联合西夏，牵制金国的力量。陆游的这些建议都在为抗金北伐做准备。

这样说来，陆游的政治理想实现了吗？事情没这么简单，陆游又遇到了新挫折。

《宋史·陆游传》记载："觌、大渊招权植党，荧惑圣听，公及今不言，异日将不可去。"什么意思呢？陆游认为曾觌和龙大渊二人居心叵测，仗着自己是皇帝的亲信，培植党羽，这种人如果不早点处理，等以后翅膀长硬了就麻烦了。

因为看不惯宋孝宗的宠臣曾觌和龙大渊的无耻行径，并采取了一些措施，陆游反而被赶出了京城，被贬为镇江府通判。

虽然远离了京城，但因为这个时期还是主战派掌权，陆游还是有机会东山再起的。然而，主战派在符离之战的大败让宋孝宗抗金的决心动摇了，主和派充分利用主战派在符离之战中的失败大做文章。不但右丞相史浩被罢免，左丞相陈康伯也被罢免了。之后，张浚也被罢了官。三个举足轻重的主战派大人物被罢免，意味着主战派失势，主和派又重新得势了。隆兴议和后，陆游再次被罢官，这次罢官的理由在《宋史·陆游传》中有记载："交结台谏，鼓唱是非，力说张浚用兵。"原来，在张浚还没被罢免时，陆游曾在镇江跟张浚一起商量，准备说服宋孝宗再次对金出击。这让主和派感到很害怕，为了议和的顺利进行，便给陆游安上了"交结台谏，鼓唱是非，力说张浚用兵"的罪名。

陆游政治理想没能实现的根本原因，在于他一直主张恢复中原。宋孝宗在位27年,25年的时间都有太上皇宋高宗施加压力。宋孝宗上要面对他老爸的压力,下要面对主和派的挑唆,"两面受敌"的情况下,宋孝宗妥协了,隆兴议和就成了定局(1164年,南宋与金达成隆兴和议)。这种情况下,陆游东山再起的希望也变得渺茫起来。

乾道四年(1168),朝廷内部官员的任命发生了重大变化。首先,主张抗金的陈俊卿被任命为右丞相,虞允文被任命为左丞相。其次,曾觌和龙大渊一个被赶出了京城,另一个死了。朝廷的这一变化说明了宋孝宗又决定走主战路线了。这样一来,陆游又有了被重新起用的可能。果然,陆游收到了四川宣抚使王炎的一封信,希望陆游能出山相助,共赴前线杀敌。陆游兴奋地在回信中写道:

某敢不急装待命,碎首为期。运笔飒飒而草军书,才虽尽矣;持被刺刺而语婢子,心亦鄙之。尚力著于微劳,庶少伸于壮志。(《谢王宣抚启》)

陆游简直是迫不及待地要准备行装,等待着进军前线的命令,就算是战死沙场也不怕。

就在陆游满心欢喜、热血澎湃的时候,一盆冷水泼了过来。朝廷突然下了一道旨,任命陆游为"左奉议郎差通判夔州军州事"。陆游去了夔州一年后,给左丞相虞允文写了一封名为《上虞丞相书》的信。

某行年四十有八,家世山阴,以贫悴逐禄于夔。其行矣,故时交友醵缗钱以遣之。峡中俸薄,其食指以百数,距受代不数月,行李萧然,固不能归。归又无所得食,一日禄不继,则无策也。儿年三十,女二十,婚嫁尚未敢言也。某而不为穷,则天下无穷人。伏惟少赐动心,捐一官以禄之,使粗可活,甚则使可具装以归，又望外则使可毕一二婚嫁。不赖其才，不藉其功，直以其穷可哀已。

陆游写这封信的目的就是不想继续待在夔州，他想要上战场。左丞相虞允文收到信后，在他的帮助下，四川宣抚使王炎招请陆游参加宣抚使司的工作，为左承议郎、四川宣抚使司干办公事、兼检法官。

陆游离开夔州，到了宋金交界最前线的南郑。

在去南郑的路上，陆游心情相当激动、澎湃，写下了这样一首诗：

平生爱山每自叹，举世但觉山可玩。皇天怜之足其愿，著在荒山更何怨……但令身健能强饭，万里只作游山看。（《饭三折铺铺在乱山中》）

陆游说自己心情好，饭量好，体力好，跋山涉水只当是游山玩水。这个时候的陆游已经48岁了，他能有如此心态，应归于其"恢复中原"志向的强力支撑。

在王炎的手下，陆游终于有了展露身手的机会。宋兵和金兵在这里不时会发生一些小摩擦，陆游就曾参加了发生在大散关的一次战斗。陆游在一首名为《江北庄取米到作饭香甚有感》的诗里写道：

我昔从戎清渭侧，散关嵯峨下临贼。铁衣上马蹴坚冰，有时三日不火食。

陆游在大散关跟金兵作战的日子里穿上军装，跨上战马，在冰天雪地里跟金兵对峙，有时接连好几天都不能生火做饭。但是，在这种两军对峙的情况下，陆游并没有跟金兵真刀真枪地干上一仗。在另外一次与金兵的交锋中，陆游曾巧妙地渡过渭水到金兵的地盘上去获取情报。在获取情报的过程中就难免会有需要陆游动手干掉金兵的情况了。

这也就是说：陆游的一生没有在大的战场上跟金兵真刀真枪地干过，小规模地跟金兵干上几仗应该是有的。

正当陆游在王炎手下干得有声有色时，王炎被朝廷调走了。这个调走看似是升官，实际上是被朝廷剥夺了兵权。王炎被调走，陆游的命运也就发生了逆转，他被调任为成都府安抚司参议官，一个小小的军事参谋。

从南郑前线下来的陆游心情低落到了极点，甚至开始变得放荡起来，特别是在他被弹劾罢官后（淳熙三年三月，陆游因好酒贪杯，堕落放荡而遭政敌弹劾），他给自己取了一个洒脱自如的名字——放翁。有诗为证："门前剥啄谁相觅，贺我今年号放翁。"（《和范待制秋兴》）这是淳熙三年（1176）九月，陆游已经52岁了，他终于看淡了朝廷的反复无常、官与官之间的明争暗斗。他的行为也跟以前有了极大的不同，几乎不谈国事了；生活上也变得跟以前不一样，开始常去一些青楼妓院之类的地方。

嘉定二年（1210），84岁的陆游走到了他生命的尽头。《示儿》成为他临终前的绝笔：

死去元知万事空，但悲不见九州同。王师北定中原日，家祭无忘告乃翁。

陆游的一生历经宋高宗、宋孝宗、宋光宗、宋宁宗四朝。其中宋孝宗时期应该是陆游比较辉煌的时期，但终究未能实现他的政治理想，但悲不见九州同，遗憾一生。

15. 才兼文武，金戈铁马写情怀
——辛弃疾

辛弃疾（1140—1207），字坦夫，后改字幼安，号稼轩，南宋爱国将领、豪放派词人。与苏轼齐名，并称为"苏辛"，与李清照并称为"济南二安"。辛词风格沉雄豪迈，又不乏细腻柔媚之处；辛诗、辛文亦有足称道，特别是其文"笔势浩荡，智略辐辏，有权书衡论之风"。

辛弃疾平生以气节自负，以功业自许，一生力主抗战，所上《美芹十论》与《九议》，条陈战守之策，显示了他卓越的军事才能与爱国热忱，同时还使抗金复国成为其作品的主旋律，其中不乏英雄失路的悲叹与壮士闲置的愤懑，具有鲜明的时代特色。

1

公元1167年，金主完颜亮大举南侵，试图一举灭掉南宋，不承想其后方的民间起义数不胜数，"忠义之士蜂起……奋起者不可殚

《中兴四将图》,宋,刘松年

纪"。当时,大名府的王友直、海州府的魏胜、胶州府的开赵以及济南的耿京等,纷纷聚众起义。

在这些起义的队伍中,实力最强的是济南府耿京所领导的队伍。21岁的辛弃疾也带领召集的2000余人马加入了耿京的队伍。在这一时期,辛弃疾做了两件了不起的事。

第一件事得从一个名叫义端的和尚说起。根据《宋史·辛弃疾传》的记载，"僧义端者，喜谈兵，弃疾间与之游。及在京军中，义端亦聚众千余，说下之，使隶京"。这个叫义端的和尚在讲经之余喜欢谈论军事，辛弃疾也因此跟他有些交往。看到辛弃疾在耿京手下很受器重，再加上辛弃疾的劝说，义端便拉了1000多人的队伍，投奔到耿京手下。过了一段时间，这家伙开溜了，还把义军的大印给偷走了。

耿京气得火冒三丈，指责辛弃疾引狼入室，甚至打算治辛弃疾个死罪。

辛弃疾也没想到义端会干这种事，虽然心里委屈，但也难辞其咎，于是向耿京争取了三天的时间去追查义端的去向。

辛弃疾反复思量，觉得他很有可能是去投奔金军了。于是，辛弃疾快马加鞭，朝金军的驻地方向追去，果不其然，义端真是去投奔金军了。义端知道辛弃疾的厉害，赶紧求饶，说"我识君真相，乃青兕也，力能杀人，幸勿杀我"（《宋史·辛弃疾传》）。什么是青兕呢？这是传说中的一种青色犀牛，据说体型相当庞大，重达千斤。义端为什么要说辛弃疾是青兕呢？传说辛弃疾曾偶遇一个神仙，一看辛弃疾的模样，顿时一惊，说辛弃疾不是凡人，是青兕转世，乃金人的克星。当然，这只是一个传说，不过是为了说明辛弃疾这个人相当凶猛厉害而已。

根据《龙川文集》的记载，辛弃疾的朋友陈亮曾形容他"眼光有棱，足以照映一世之豪；背胛有负，足以荷载四国之重"，说辛弃疾的眼光如炬，其锋芒与气度可以映照天下的英雄豪杰，背上的肌肉浑厚结实，足以承受巨大的重量。陈亮的这个形容显然很夸张，但可见辛弃疾的身体有多勇猛强健。

辛弃疾生平最恨金人，义端原本大宋子民，却去投靠金人，岂能饶他？于是，辛弃疾手起刀落，义端的脑袋就搬家了。

由此，辛弃疾在义军中的威望大增，耿京也更加器重他。之后，在辛弃疾等人的精心谋划与努力下，耿京所领导的义军人数最高的时候达到30多万。

完颜亮南侵不久，辛弃疾就带领义军对济南和淄州进行大规模的攻击，用灵活的战术解了魏胜部义军的海州之困。在胶西陈家岛战役中，辛弃疾配合负责南宋海路防务的将领李宝，使完颜亮由水路入侵江浙一带的计划落空。就这样，辛弃疾的声名越来越大。

再说第二件事。正当辛弃疾声名大振的时候，金国与南宋的形势陡然逆转，使辛弃疾及各地的义军受到严峻的考验。此时，完颜亮手下的兵士闹兵变，把他给宰了。

在这种大好形势下，宋高宗却一心想着求和。金宋之间由此开始停战议和。

在这种情况下，耿京所领导的义军内部开始人心动摇，辛弃疾提出了投奔南宋的建议。不过，问题出来了，由谁去跟朝廷沟通呢？辛弃疾成了最佳人选。

绍兴三十二年（1162）正月，辛弃疾奉表归宋，与贾瑞一行13人从楚州到达建康。宋高宗见到辛弃疾一行人前来高兴不已。辛弃疾被授承务郎，属从九品官；贾瑞为敦武郎、合门祗候，属正八品官，义军领袖耿京为天平军节度使。此外，义军的一些大小头目几百号人也得到了不同程度的封赏。

在辛弃疾等人回归的途中，一件让所有人都始料不及的事发生了——耿京被义军的将领张安国给杀了。义军群龙无首,阵脚大乱,大有一散而尽的趋势。

听到耿京被杀的消息,辛弃疾果断决定,一定要生擒张安国,以解心头之恨。据洪迈在《稼轩记》中记载:

> 赤手领五十骑,缚取于五万众中,如挟毚兔,束马衔枚,间关西奏淮,至通昼夜不粒食。壮声英概,懦士为之兴起,圣天子一见三叹息。

辛弃疾带领五十骑人马,穿梭在五万人的敌营中,把张安国给生擒了,然后就像抓兔子似的,把张安国夹在胳膊下就跑。一路上束马衔枚,历尽艰险到了宋金的边界地区淮水,途中昼夜未进一粒粮食。辛弃疾的这种英雄气概,就连那些平时胆小如鼠的人都为之感到振奋不已,皇上召见他的时候,止不住连声赞叹。

如果洪迈的记述属实,那辛弃疾可是相当厉害。但事实真是如此吗?我们来看以下几个历史版本的记载。

《宋史·辛弃疾传》里有这样一段话:

> 乃约统制王世隆及忠义人马全福等径趋金营,安国方与金将酣饮,即众中缚之以归,金将追之不及。

参与这次行动的王世隆在耿京手下干过,后来投奔到沿海制置使李宝手下。而马全福则是当时义军中的一个英雄豪杰,此人武艺高强,忠信耿直,加上辛弃疾等人一共五十骑,采取突袭的方法将张安国给抓了。至于为什么能在金人的地盘上如入无人之地一般,主要是因为张安国正在跟金兵的将领们喝酒,疏于防备,因而有了"追之不及"一说。

在这个版本中,没说辛弃疾是驱入五万人众的金营,而是说"众中缚之以归",将人数给模糊化了。这个记载有一个不合理的地方,辛弃疾怎么就知道张安国当时正在与金兵的将领们喝酒呢?难道是凑巧?

因此,只能说《宋史·辛弃疾传》的说法也值得商榷。

张颖的《魏胜传》里也说到抓张安国一事,只是丝毫没提辛弃疾,而是耿京的老部下王世隆独自一人以看望老朋友的名义去见了张安国。然后趁张安国没注意,拔出刀将他挟持了,又趁乱将其带到郊外,与等候在那里的人马会合。张安国就这样被抓到了张浚那里,然后才押往临安。

同一件事,《魏胜传》与《宋史·辛弃疾传》的记载竟然存在明显出入。那么,辛弃疾有没有参与这次行动呢?

首先,可以肯定的是辛弃疾和王世隆都参与了抓捕张安国的行动。其次,洪迈《稼轩记》以及其他相关记载都说张安国是被辛弃疾抓的。如同朝的朱熹就说过"幼安后归,挟安国马上,还朝以正典刑"(《朱子语类》)。南宋末年的谢枋得在《祭辛稼轩先生墓记》中也说是辛弃疾抓到的张安国,并且这篇是墓记,可信度较高。而南宋著名的藏书家、目录学家陈振孙在他编写的《直斋书录解题》中也说"弃疾擒安国以归,斩之"。

我们再来看辛弃疾的一首词。他在《鹧鸪天·有客慨然谈功名,因追念少年时事,戏作》中写道:

有客慨然谈功名,因追念少年时事,戏作。

壮岁旌旗拥万夫,锦襜突骑渡江初。燕兵夜娖银胡䩮,汉箭朝飞金仆姑。追往事,叹今吾,春风不染白髭须。却将万字平戎策,换得东家种树书。

当年以五十骑人马深入金营中捉拿张安国，辛弃疾对此感慨良多。在这首词里，我们可以感觉到战斗激烈的厮杀场面，而这个场面描写的应该是辛弃疾擒得张安国南归途中的战斗。再联系到洪迈《稼轩记》的描述，"束马衔枚，间关西奏淮，至通昼夜不粒食"，可以分析出辛弃疾当时尽量避免与金兵大规模厮杀，快马加鞭争取尽快脱离险境的情形。

至于张颖的《魏胜传》里只提及王世隆，应是王世隆好大喜功抹杀了辛弃疾的功劳。最后，使得记述这件事的张颖误写。辛弃疾曾在《瑞鹧鸪·京口病中起登连沧观偶成》中说"声名少日畏人知"，可见其没有把这事放在心上。

辛弃疾在北方的日子所做的事并不止这些。比如辛弃疾新婚不久，完颜亮正在为南侵做准备，其祖父辛赞曾派遣他去燕京做"间谍"，搜集与金国有关的情报。

由此，我们不难得出结论，辛弃疾是一个武艺高强、有勇有谋、行事果断的人。而辛弃疾被朝廷授承务郎，意味着他在北方的金戈铁马生活结束了。从此，辛弃疾开始了南方的生活。

在南方生活的日子里，辛弃疾又做了哪些事呢？

2

投奔南宋后，辛弃疾曾三次向朝廷献计献策。

第一次献计。辛弃疾主动去找当时任江淮宣抚使的张浚，建议采用"分兵杀虏"（《朱子语类·论兵》载"某向见张魏公，说以分兵杀虏之势")的策略向金国发起进攻,即"为吾之计,莫若分几军趋关陕,他必拥兵于关陕;又分几军向西京,他必拥兵于西京……才据山东,中原及燕京自不消得大段用力,盖精锐萃于山东而虏势已截成两段去。又先下明诏,使中原豪杰自为响应"(《朱子语类·论兵》)。

具体来说,就是从关陕、西京、淮北、海上分四路佯装向金国发起进攻。这样金国就得调动淮河的兵力去应付,如此一来其防线必定会出现破绽。此时,宋军再用事先埋伏好的精锐部队,向金兵防守薄弱的地方发动突袭,使金兵无暇应对,宋军可顺势朝山东打去,进而收复山东地区。之后,让朝廷下命令,命宋军与当地的义军联合,如此一来,宋军可在山东地区建立牢固的根据地,并可将金兵的势力分成两段。一旦这样的形势产生,宋军有两大好处:一可向中原地区进军;二可威胁金国的都城燕京。

辛弃疾的这条计策好在何处?首先,辛弃疾撇弃常规北伐路线,即直接收复被金兵占领的北宋都城汴京。常规的北伐路线急于求成,这不符合南宋的国情。辛弃疾则主张先取得山东,并以此为根据地,从战略上对金国造成威胁,然后再慢慢收复中原,为稳中求胜的策略。其次,辛弃疾采用声东击西与避实就虚的策略,分散金兵在淮河一带的兵力,进而采用精锐部队奇袭山东的金军,是出奇制胜的最好诠释。同时,还可最大限度地减少宋军伤亡。

江淮宣抚使张浚的回答挺有意思:"某只受一方之命,此事恐不能主之。"(《朱子语类·论兵》)这我恐怕不能做主,我只负责统领江淮各路的兵马。张浚的这个回答推脱之意明显。

辛弃疾的建议要求被拒,那么北伐成功了吗?没有,而且败得很惨，南宋损失惨重。这次失败让主和派势力重新抬头，秦桧的亲信汤思退等人开始掌权。

辛弃疾对此感到极度郁闷。隆兴二年（1164），辛弃疾抑制不住心中的抑郁与悲愤，写了一首《满江红·暮春》，词中有这样两句："家住江南，又过了清明寒食。花径里一番风雨，一番狼藉。"这两句表面看来是辛弃疾对江南风光的描述，怜惜风雨中的凋零之花。细想来，则是辛弃疾在感叹自己南归后，空有一身抱负与本领却无以施展的落寞心情，以及一种悲愤。

辛弃疾并没有长时间地沉浸在这颓废的心绪中。很快，他又振作起来，根据当时的形势写下了著名的《美芹十论》，这可看作辛弃疾的第二次献计。

《美芹十论》共10章，总结起来主要讲了三方面内容：

（1）针对当时流行的金军不可战胜的观点，辛弃疾客观地指出，金国表面看来很强大，实则属于"外强中干"型。为什么这样说？金国严酷压迫的驭民政策，必将导致国内各阶级的不和，一旦发生重大的战争，金国内部必然会大乱，进而牵制金国的兵力，耗费他们的财力及物力。金国的领导阶层，特别是贵族与大臣之间钩心斗角、相互残杀的现象屡有发生，这也是金国的一大隐患，也是宋军取得采石矶大捷的原因所在。因此，金国被打败是迟早的事。

（2）坚决否定"南北有定势，吴楚之脆弱不足以争衡于中原"这一荒谬说法。当时朝廷内部有这样一种观点，认为南北之间的局势不可扭转，从三国时的吴国到南唐都是被那些占有中原的国家所灭。现在，南宋的情况就跟当年的这些国家一样。对此，辛弃疾指出情况并非如此：首先，金国内部不稳，各种矛盾在日益加大；其次，民心有利于南宋；最后，只是时间问题，南宋完全可以进军中原，而后统一中原。

（3）坚决反对和议。辛弃疾认为和议是"膏肓之大病"（《美芹十论·前言》），是"助秦自攻"，并给出北伐策略（《美芹十论·自治》）。胜败乃兵家常事，很多战事的失败都是求和导致。为了一时的安稳，就割地、岁贡求和，这断不可取。真正可行的策略就是分散金国兵力，奇袭山东，然后以此为根据地进军中原，威逼燕京。

辛弃疾的《美芹十论》表现出了他独到的政治眼光、军事策略以及敏锐的分析能力。在完成《美芹十论》后，辛弃疾将之写成奏章的形式，上书宋孝宗。遗憾的是，辛弃疾的第二次献计被宋孝宗以"讲和方定，议不行"为由否决了，但这次献计至少让宋孝宗肯定了辛弃疾是一个人才，为之后的亲自召见并授予新的官职埋下了伏笔。第二次献计后，辛弃疾一度深感无奈，"我来吊古，上危楼，赢得闲愁千斛"，也只能以吊古的方式为寄托，凭酒一解千愁。

乾道六年（1170），宋孝宗决定再次北伐，起用了在采石矶大展身手的虞允文为宰相。在这样的背景下，宋孝宗召见了辛弃疾。把辛弃疾从地方调到了中央为司农寺主簿，一个类似管管粮食储备、管理仓库之类的官员，可见辛弃疾也并不受重用。

但在这种情况下，乾道六年（1170），辛弃疾又第三次献计，呈送给宰相虞允文一份军事论文《九议》。《九议》又阐述了什么呢？主要有以下几方面：

（1）关于北伐的进攻策略，这一点跟《美芹十论》讲述的内容差不多，这里就不再赘述了。

（2）强调北伐的军事行动、应对策略的保密性。用现在的话来说，就是将之视为国家的高度机密。《九议》中有这样一句话："今不泄于吾之共事者，而泄于敌，其泄之也甚矣。"乾道五年（1169），宋孝宗想攻打金国，又害怕别人说他不讲信用，撕毁合约。宰相虞允文就出主意说不妨派使者去跟金国的皇帝说河南是大宋皇室的祖坟所在地，希望能看在方便拜祭祖宗的面子上将其还给我们。

金世宗回答说，那我派30万人马帮你把祖坟给迁到南方，方便你们祭拜。宋孝宗一听这话立刻夙了。

对此，辛弃疾认为，像派什么使者之类去讨要河南这一行为无疑就是事先给金国通风报信，导致军事机密泄露。想要跟金国打仗，何须事先"通知"？时机成熟，直接干掉就行。

（3）南宋目前还不具备北伐成功的条件，应当等待时机，积极有效地备战。"凡今日之弊，在乎言和者欲终世而讳兵，论战者欲明日而亟斗。"在辛弃疾看来，无论是主和派还是主战派，他们都犯了重大的错误。对主和派而言，他们巴不得永远都不要有战争；对主战派而言，他们是恨不得明天就能开赴战场，跟敌人进行生死较量。两者都是不可取的，得根据自己的条件，充分做好准备，壮大自身的势力，然后再图北伐。

辛弃疾前两次献计，都没被采纳。这一次只能说采纳了一部分。辛弃疾给宰相虞允文呈送《九议》后，到了乾道八年（1172），宋孝宗又想对金国动手，并任命虞允文为四川宣抚使，统领四川的全部兵马。在虞允文临行前，宋孝宗曾嘱咐他在四川那边响应自己，并在河南会合，虞允文答应了。

虞允文到了四川还是相当负责的，他积极备战，但是在出兵时间上他是一推再推，并劝宋孝宗不要急，要伺机而动。这种做法，跟辛弃疾在《九议》中的叙述是一致的。之前，宋孝宗对辛弃疾采用提拔而不重用的策略，只让他做了个司农寺主簿。到绍兴和议后，辛弃疾就被派往滁州做知州。辛弃疾曾在《九议》中讲述滁州战略位置的重要性，理应派一个有胆识、有谋略的人去那里坐镇。朝廷派辛弃疾去滁州坐镇，足以证明朝廷对辛弃疾的看重。

通过对辛弃疾三次献计的详细描述，可以看出，辛弃疾不愧为一个见识卓越、观点独到、理论与实际相结合的军事家。

辛弃疾的军事才华又是如何在实际中运用的呢？辛弃疾在滁州、江西等地又取得了哪些成绩呢？

3

乾道八年（1172）春，辛弃疾到了滁州后一看，经过多次战火的摧残，这里已经一片狼藉。如何改变这一景象，治理好滁州是摆在辛弃疾面前的首要任务。

此外，到辛弃疾上任时，滁州共欠下朝廷580多万的税钱。面对这样一个烂摊子，辛弃疾就跟朝廷报告，要求把这笔钱给免了。

朝廷想着就算强行征收，也征收不回来，就同意了辛弃疾的要求。最后，还在辛弃疾的一再要求下，把当年的税也免了。

辛弃疾似乎可以轻装上阵了，但滁州一片狼藉的状况依旧没有改变，让滁州繁荣起来才是硬道理。《宋史》记载，辛弃疾上任滁州后采取了"宽征薄赋，招流散，教民兵，议屯田"的措施，解决了滁州老百姓吃饭的问题。

接着，辛弃疾鼓励商贩到滁州发展，并且将税收降到最低，然后又大搞各类建设，比如修酒楼、修房屋、修仓库等。这样一来，不仅让城市面貌焕然一新，还可以解决就业、财政等大问题。按《滁州奠枕楼记》的说法，经辛弃疾的治理后，短短几个月的时间，滁州出现"商旅毕集，人情愉愉，上下绥泰，乐生兴事，民用富庶"的繁华富庶局面。

看到滁州在自己的治理下，短短半年取得这样好的成绩，辛弃疾并没有因此而飘飘然，反而内心充满了忧虑。

这就奇怪了，辛弃疾忧虑什么呢？原来，辛弃疾并没有把滁州作为自己的久居之地，他更深层次的想法，还是要收复被金人占领的北方失地。辛弃疾很希望南宋能够北伐成功，而不是偏安一隅。

因为投报无门，空有一身本领，无法在战场上与金兵厮杀一番，辛弃疾的内心充满了忧虑。在滁州取得不错成绩的同时，辛弃疾也极度关注金国的情况。他充分利用自身的才能，搜集了很多有价值的情报，并且根据这些情报做出了一个惊人的推断——"仇虏六十年必亡，虏亡则中国之忧方大"。（周密·《浩然斋意抄》）

辛弃疾推断金国在60年后必将灭亡，南宋最大的忧患不是金国，而是在金国灭亡后兴起的新政权，即铁木真建立的大蒙古国。辛弃疾的这个推断到底正确与否？历史证明是正确的。62年后，即公元1234年，金国被大蒙古国灭了。公元1279年，南宋被元朝所灭。辛弃疾的推断竟如此精准，让人不得不佩服他在军事以及政治上的卓越远见。

至此，辛弃疾的忧虑便也有了答案。他是忧心自己功业未成，忧心大宋的未来。当辛弃疾把他的这个推断提交给朝廷，朝廷几乎没有

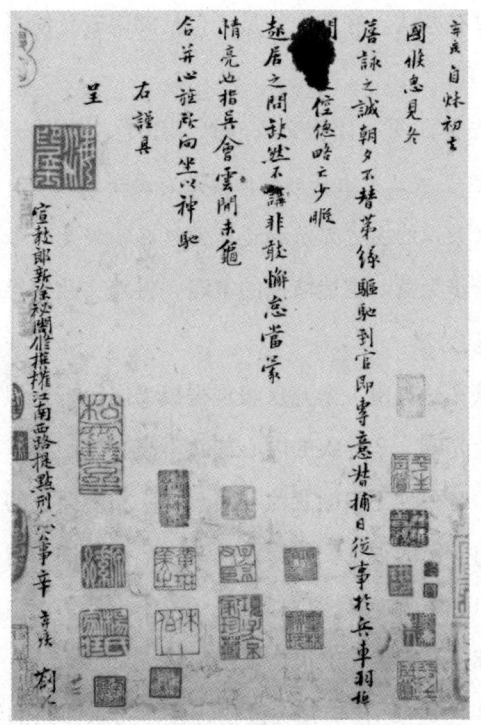

《去国帖》，辛弃疾

人给予重视。纵观南宋的历史，像岳飞、韩世忠、辛弃疾、陆游、王炎、虞允文等人才辈出，为什么就是保不住江山？一个重要的原因就在于南宋朝廷把这样治国安邦的人才放错地方了，还有就是不完全信任他们，他们的才能得不到发挥。对此，远在滁州的辛弃疾心情是多么地忧虑也就可想而知了。

淳熙二年（1175）七月，南宋国内发生了赖文政领导的茶商动乱事件。辛弃疾在滁州的表现相当出色，却因病离开滁州。病愈后，36岁的辛弃疾临危受命，为江西提点刑狱。在这之前，赖文政领导的茶军让朝廷都没有办法。好几个官员，包括湖南安抚使王炎在内，都被撤了职。

辛弃疾去了江西，让赖文政遇到克星了。短短一个多月的时间（如果按照辛弃疾去江西上任的时间算起，到平定之日，大概是三个多月。但是，以茶军的主力部队到达江西算起，就是一个多月的时间），辛弃疾采用步步为营、围追堵截的策略，将赖文政领导的茶军逼入困境，最后投降了。

在平定茶军这件事上辛弃疾表现得极为出色，这似乎意味着他的仕途更是一片光明。辛弃疾的内心却并不高兴，因为辛弃疾感觉到北伐无望，心中有一种无限的悲愤与失落。宰相虞允文的去世，再加上之后他的上司叶衡的被贬，使得北伐一事陷入低潮；与此同时，南宋朝廷的形式出现了大逆转，主战派几乎说不上话了，主和派再次强烈抬头。这些都让辛弃疾心中很是忧伤烦恼。

淳熙三年（1176），辛弃疾被朝廷任命为京西路的转运判官，同时兼任京西路的提点刑狱司和提举常平司。到了第二年，朝廷又任命他为江陵知府兼湖北安抚使。

在湖北任安抚使期间，辛弃疾采取严打措施，使湖北境内竟然"奸盗屏迹"。不久，辛弃疾因为跟屯驻在江陵的部队统制官逄原发生矛盾，惊动了朝廷。最后，辛弃疾被调任隆兴知府兼江西安抚使。在此期间，辛弃疾依然实行在湖北的那套治理措施，对贪污、盗窃、走私等进行严厉打击，效果也是不错的。三个月后朝廷又将他调回京城担任大理寺少卿，主要负责刑狱案件的审理及核实工作。

淳熙五年（1178），辛弃疾再次被调任，为湖北转运副使。

淳熙六年（1179），辛弃疾从湖北调任到湖南为转运副使。因为湖南境内"盗贼"众多，治安不好，辛弃疾组建了"飞虎军"，其性质类似于现在的特种部队。辛弃疾为什么要组建"飞虎军"？要回答这个问题，我们先交代一下当时的社会背景。

在辛弃疾看来，这些所谓的"盗贼"都是"官逼民反"，如果用一律剿杀的策略，肯定是治标不治本。他上书朝廷，建议朝廷应"讲求弭盗之术，无徒恃其有平盗之兵"。要想解决"盗贼"四起的问题，根本措施应该是整顿吏治，爱护百姓，解决他们的实际困难。

此时的宋孝宗正为国内不断涌起的起义感到头疼不已，就让辛弃疾在湖南做一个"试点"工作吧！看看效果如何。

辛弃疾在湖南都采取了哪些措施来解决这个问题呢？主要体现在以下几方面：

（1）吃饭问题与水利工程两不误。老百姓成为"盗贼"的一个很重要的原因就是吃不饱。淳熙七年（1180）春天，湖南境内发生大规模的饥荒。辛弃疾并没有采用常用的发放救济粮的方法，而是招募民工去修水利，然后用粮食当工钱。如此一来，老百姓肚子也吃饱了，水利工程也修好了。为日后发展农业生产提供了有利条件。

（2）采用"文治"。辛弃疾认为湖南民风比较彪悍，采用强硬手段进行压制、硬碰硬的最终结果就是两败俱伤，而事情依旧没解决好。因此，辛弃疾建议采用文治，以德服人。同时，还大力兴办学校，提高百姓的文化素养。

（3）惩治贪官。辛弃疾对贪官的处置也是很严厉的，一旦发现，毫不留情。

（4）严厉打击豪强恶霸。对于那些欺压百姓、好强行霸占的黑恶势力，辛弃疾是毫不手软。

上述四条措施让湖南一带的恶劣情况出现明显好转。但湖南一带现有的兵士战斗力仍然是一个大问题。为此，辛弃疾决定组建"飞虎军"。我们知道，要建立一支军队，军费很关键。辛弃疾是如何解决军费问题的呢？

根据《宋史·辛弃疾传》的记载，辛弃疾在组建"飞虎军"的过程中，"经度费巨万计，弃疾善斡旋，事皆立办"。这个记载很是简略，但从"善斡旋"可以看出，辛弃疾应该是想了很多法子。有一本名为《夷坚志》的宋代志怪小说集，作者洪迈在书里说辛弃疾为了解决军费问题，下令犯了罪的人可以用石料来抵罪。这么一来，用于修建营房的材料问题就解决了。据说，这一道命令下来后，一时间到处都可以听到叮叮当当开采石头的声音，以及随处可见运石头的人。当然，这个只是小说的记载，其真实性有待商榷。

军费的问题解决了，之后又出现过多种问题，但都被辛弃疾顺利解决了。

一个月后，飞虎军的军营全部建好。飞虎军组建后，辛弃疾对他们进行严格的训练，根据《宋史·辛弃疾传》的记载，"军成，雄镇一方，为江上诸军之冠"。这支"飞虎军"使湖南一带在很长时期内都没有发生过"盗贼"闹事事件，并且在长江一带也是赫赫有名。

辛弃疾在地方上任官期间，在治理方面取得的成绩是很令人瞩目的。但是，辛弃疾的内心并不满足，他一直期待着能够到战场上去。他还能奔赴金戈铁马的生活吗？

4

辛弃疾自在湖南任职后,曾几度被人诬陷弹劾,比如说他"肆厥贪求,指公财为囊橐;敢于诛艾,视赤子犹草菅"(《辛弃疾落职罢新任制》),"严酷贪婪,奸赃狼藉"等,最后被削职为民。公元1181年,心灰意冷的辛弃疾在江西灵山脚下的带湖过起了"隐居生活",其间创作了大量的诗词佳作。

隐居期间,辛弃疾也没有忘记国事。在《清平乐·独宿博山王氏庵》一词中,他这样写道:"布被秋宵梦觉,眼前万里江山。"这说明,辛弃疾心里还是放不下国家大事。

绍熙三年(1192),辛弃疾接到朝廷的任命,为福建提点刑狱。嘉泰三年(1203),朝廷又任命辛弃疾为绍兴知府兼浙东安抚使。朝廷还任命了其他官职,这里不再详述。不过,这里有一个问题就出来了,辛弃疾为什么还会被起用?原来,宋宁宗即位后,韩侂胄掌权,北伐一事又被提上了日程。辛弃疾的威名与能力是有目共睹的,被重新启用也是情理之中的事。虽然在这中间还掺杂着其他的复杂原因,但最终的结果是辛弃疾被重新起用了。

宋宁宗曾问辛弃疾,现在是否可以跟金国干上一仗。辛弃疾回答说:"金必乱必亡,愿付之元老大臣,务为仓猝可以应变之计。"(李心传·《建炎以来朝野杂记乙集》卷十八)据说,韩侂胄听说辛弃疾的这番话后"大喜",认为辛弃疾是十分支持北伐的。韩侂胄还以为,只要发动北伐,就必定胜利,因为他认为此时的金国已经动乱不堪,风雨飘摇。

辛弃疾内心的真实想法是什么呢?前面我们提到,辛弃疾早些

《秋江渔隐图》，宋，马远

年就曾推断，"仇虏六十年必亡"，这说明金国并非短时间内就可以被消灭掉。也正是因为这个原因，辛弃疾才说"务为仓猝可以应变之计"，唯有以积极准备应变，才是北伐成功的关键。

但是，韩侂胄显然是误会辛弃疾的意思了。也正因为这个误会，辛弃疾又多了一个身份，即"宝谟阁待制"。这是一个可以参加朝廷会议的侍从官，属四品。但是有误会存在，使得辛弃疾与韩侂胄之间的分歧越来越大——韩侂胄认为应该立即北伐，而辛弃疾认为时机还不够，应当推迟，目前首要工作是积极备战。

根据自己掌握的情报和资料分析，辛弃疾认为金国目前仍然强大，北伐困难重重。据元朝袁桷《清容居士集》的记载，辛弃疾推算出的北伐时间至少还要再等20年。但是韩侂胄不想等下去。

开禧二年（1206），宋宁宗决定北伐，史称"开禧北伐"。事情的发展如辛弃疾所料，开禧北伐失败，宋金签订嘉定和议。

韩侂胄对北伐的认识不充分，终于导致在北伐过程中吃了不少败仗。韩侂胄又想起辛弃疾了，决定任命辛弃疾为枢密院都承旨，这是南宋最高军事机关枢密院中的一个重要职务，主要负责传达皇帝的命令，掌管枢密院整个部门的各项事务。可惜，造物弄人，开禧三年（1207）秋，当朝廷的任命到达辛弃疾的住址铅山时，辛弃疾已经重病在床。就算辛弃疾想出山，也不可能了。

辛弃疾只能上书请辞。谢枋得《祭辛稼轩先生墓记》里有这样一句颇让人深思："侂胄岂用稼轩以立功名者乎？稼轩岂肯侂胄以富贵者乎。"

意思是说，韩侂胄怎么可能是用辛弃疾来建立功名的人呢？而辛弃疾又怎么可能依附韩侂胄来换取荣华富贵呢？这说明，辛弃疾已经不再相信韩侂胄了，而韩侂胄也不是辛弃疾的伯乐。辛弃疾当时支持韩侂胄北伐，并不是为了荣华富贵，而是出于报国之心，与韩侂胄一点关系都没有。

辛弃疾是不是真的彻底心灰意冷了呢？并没有，但更多的或许是有心而无力。据说，辛弃疾临终前还在高喊"杀贼！杀贼！"可见在辛弃疾心中，一直没忘记恢复中原。

开禧三年（1207），辛弃疾的生命走到了尽头，时年67岁。纵观辛弃疾的一生，只是在北方有过金戈铁马的生活，之后就再也未曾有过,他也只能在"醉里挑灯看剑,梦回吹角连营"(《破阵子·为陈同甫赋壮词以寄之》)了。

辛弃疾跟陆游有着太多的相似,都是一个时代的悲剧人物。但是,他身上那种赤忱的爱国之心,那种动人心魄的英雄气概,却感染了一代又一代人。